# Triso et alors !

**Éléonore Laloux**

# TRISO ET ALORS !

En collaboration avec Yann Barte

Max Milo
TÉMOIGNAGE

www.maxmilo.com
ISBN : 978-2-315-00500-0

# 1. Je ne suis pas un poison

Je sais, quelquefois, je fais des gestes qui peuvent déranger, comme parler toute seule, faire des mimiques... Mais on n'est quand même pas des poisons ! On est comme les autres et on vit comme les autres. Je fais des efforts, je parle de moins en moins toute seule. J'ai un chromosome en plus, c'est tout. Mon père dit que c'est le « chromosome du bonheur » : j'ai la trisomie 21.

C'est un généticien qui nous traite de « poison », Jean-Didier Vincent, sur France Inter. Ça me fait mal et ça me met en colère. Mon père a mis la radio à fond à la maison et moi j'écoute en bas. C'est l'émission La tête au carré, le 5 octobre 2012. Ma mère s'énerve : « C'est inadmissible ! »

J'aimerais que les médecins arrêtent de dire des mots durs. Des mots qui blessent et qui font peur. C'est une insulte aux personnes atteintes de trisomie, à leur famille. À la radio, on parle des nouveaux tests sanguins de dépistage de la trisomie 21, en début de grossesse. Des tests déjà utilisés depuis un an aux États-Unis et dans certains pays européens. « Pourquoi faut-il conserver les trisomiques qui sont quand même un poison dans une famille ? » Oui, c'est ce que dit ce médecin biologiste. Il parle des personnes trisomiques comme nuisibles parce qu'elles empêchent les familles d'être heureuses. Je sais que c'est tout le contraire.

Mon père pense comme moi. Il dit que ce sont des préjugés et de l'ignorance. Ce médecin connaît le cerveau humain, mais il ne connaît rien aux personnes porteuses de trisomie 21. Pas comme mes parents et moi. Pas personnellement.

Je dis à mon père qu'il faut porter plainte. En fait, c'est à moi de porter plainte. Il n'a pas le droit de nous traiter comme ça. On peut être heureux et donner du bonheur. Mes parents lui écrivent une lettre. Moi je poste une vidéo sur Dailymotion pour lui dire ce que je pense de ses mots. Il n'a pas répondu. Il ne s'est pas excusé. Rien.

Je n'accepte pas ces étiquettes : « handicapée », « aberration chromosomique ». C'est ce qu'on a dit à mes parents à ma naissance : je suis une « aberration chromosomique ». Alors, bien sûr, ça fait peur ! Mais ce n'est pas un handicap. C'est une maladie qu'on peut soigner et il faut que les chercheurs créent des « plaquettes de traitement[1] ». Mes parents trouvent que c'est quand même un handicap d'être un peu lente, mais moi je refuse ce mot. J'aimerais rassurer les mamans. Il ne faut pas les choquer comme ça. Il faut qu'elles en parlent. C'est une maladie génétique qui n'est pas lourde à porter, mais il faut vivre avec. Il faut aider la recherche et puis surtout informer et rassurer. Mais on doit aussi respecter le choix des parents. S'ils ne veulent pas garder l'enfant, ce n'est pas grave. Mais c'est quand même dommage.

1. Éléonore évoque ici la possibilité de trouver un traitement médicamenteux sous forme de plaquettes de comprimés. Nous avons volontairement conservé son expression. (NdE)

## 2. Toute bleue

Mes parents, je les appelle « les amoureux » : « Bonjour les amoureux ! », « Ça va les amoureux ? » En fait, ils s'appellent Manu et Maryse. Ils sont toujours contents de me voir. Ils me donnent beaucoup d'amour, de la bonne humeur. Et moi je leur donne un coup de pouce quand ils ne vont pas bien. Les gens aiment être avec moi parce que j'ai toujours le sourire. Et moi, ils me rendent tous heureuse : mes parents, mon frère, ma famille, mes collègues…

Je me bats pour vivre. Depuis ma naissance. Et je suis contente d'être là, sinon je n'aurais jamais pu jouer de la guitare électrique, faire de la cuisine, aller au concert ou retrouver mon père sur le Mac, grâce à FaceTime, pour discuter avec la webcam. J'aime tout ça. Et quand parfois je ne vais pas bien, je mets de la musique et puis j'écris. C'est comme ça que je me vide la tête et je vais beaucoup mieux.

Je nais à Arras, le 26 août 1985. Je pèse deux kilos six. On me transfère quelques heures après au Centre de pathologie néonatale de l'hôpital de la ville : je suis cyanosée. C'est là où a été soigné mon grand frère Mathurin, trois ans avant. Il est né prématurément, à sept mois et deux jours. C'est là aussi où est né mon autre frère, Valentin, l'année suivante. Il est mort une heure après sa naissance. On ne sait pas pourquoi, peut-être à cause d'un médicament donné à ma mère pour retarder l'accouchement.

Alors, pour moi, ma mère a eu un peu peur. Elle a pris toutes les précautions, dès le début. Elle a changé d'obstétricien, de maternité. Elle a fait des échographies, a accepté un cerclage pour que je reste bien dans le ventre et s'est reposée à la maison pendant cinq mois avec une aide familiale.

À la maternité, trois jours après ma naissance, les médecins décident de donner des cachets à ma mère pour stopper sa montée de lait, sans lui demander son avis. Ils disent qu'il ne faut pas s'attacher à moi. L'obstétricien prend mon père à part, dans le couloir, pour lui annoncer que j'ai une malformation du cœur et que je suis une « aberration chromosomique ». Un sacré mot ! Je vais peut-être mourir dans quinze jours ou peut-être trois semaines, on ne sait pas trop. En plus je suis toute bleue.

Mon père a déjà imprimé les faire-part de naissance. Alors il ajoute en catastrophe un petit mot sur ma santé. Il est encore collé dans mon album photo : « L'état de santé d'Éléonore est très critique. Puissent vos pensées ou prières l'aider à rester avec nous. » Les prières, c'est pour leur famille. Elles sont toutes croyantes. Mes parents, eux, s'en foutent un peu de Dieu, surtout ma mère. Elle peut pas l'encadrer.

Quand on leur explique tout ce que j'ai, mes parents sont perdus, choqués. En plus, ils ne connaissent rien de la trisomie 21. Ils ont confiance dans les médecins mais trouvent complètement fou qu'on leur demande de ne pas s'attacher à moi.

Ma mère n'est pas beaucoup soutenue, sauf par le personnel médical et sa famille. Elle n'a presque pas de visites à la maternité. Les gens sont très mal à l'aise à cause de ma trisomie. Elle a peu de cadeaux pour moi. Mais avec Valentin, c'était pire… Une amie à ma mère lui dit que je suis un « handicap lourd ». Et comme elle a travaillé avec des personnes atteintes de trisomie, mes parents ont encore plus peur.

Des gens demandent à ma mère : « Mais pourquoi, tu ne savais pas que tu portais un enfant trisomique ? On ne t'avait pas fait une amniocentèse ? »

Ma mère ne le savait pas, non. Et puis on ne lui aurait pas fait une amniocentèse parce qu'elle était jeune. Elle avait 29 ans. Je sais qu'elle est contente de ne pas l'avoir su. Elle dit qu'elle aurait peut-être fait « la plus grosse connerie de sa vie ». Par peur, parce qu'elle ne savait rien et parce qu'elle ne me connaissait pas encore. Mon père, lui aussi, est heureux que je sois née.

Au Centre de pathologie néonatale, les médecins ont d'autres mots, plus doux. Parce que là-bas, les gens connaissent bien les problèmes des bébés. Ils ont tous un discours très positif : les médecins, le personnel soignant, la directrice du service… C'est même un médecin qui met mes parents en contact avec l'association AISET, une association départementale de parents d'enfants trisomiques que mon père dirigera quelques mois plus tard. Grâce au docteur Théret, mes parents rencontrent la famille Tô, alors que je suis encore au Centre de pathologie néonatale.

Les Tô ont une fille, Fleur, atteinte de trisomie 21. Quand mes parents arrivent chez eux, Fleur joue du piano. Elle a 12 ans. C'est une famille heureuse et comme les autres. C'est ça qui rassure mes parents : voir une famille heureuse et comme les autres avec une enfant trisomique. Et puis ma mère pense que ce n'est peut-être pas de sa faute si elle a eu des grossesses compliquées, que ça peut arriver à tout le monde, même à des médecins comme les parents de Fleur. Le père est obstétricien et la mère médecin du travail.

Mes parents n'ont pas le droit de me prendre dans leurs bras, ni même de me toucher. Je passe mon temps à dormir. C'était comme ça avant. Même les médecins ignoraient que le contact du bébé malade avec ses parents était important. Il n'y avait que les infirmières qui pouvaient me toucher, faire ma toilette.

Mi-septembre, ma mère peut enfin me serrer contre elle. J'ai la photo dans mon album, je trouve ça vraiment beau.

Je sors du Centre après deux mois et demi de soins intensifs et avec encore une petite santé, le 4 novembre. Mes parents se souviennent de la date. Ils me racontent encore très souvent l'histoire. Je suis toute maigre et je respire mal. Mon état n'est pas rassurant et les médecins non plus. Certains sont très pessimistes mais d'autres donnent de l'espoir à mes parents.

Je suis baptisée vingt jours plus tard par l'abbé qui avait marié mes parents. Ils me baptisent, parce qu'ils sont complètement perdus et puis c'est plus facile comme ça de me faire accepter par mes grands-parents paternels qui sont très catholiques.

Ça se passe dans le salon, sur le canapé je crois, avec juste mes parents, mon frère Mathurin, mes grands-parents, mon parrain et ma marraine. Je suis encore en mauvaise santé. Je respire mal toutes les nuits et mes parents se lèvent tout le temps pour bien me positionner. À cause de ma malformation du cœur. Je m'essouffle à chaque biberon. Alors on me donne à manger par petits bouts. À 4 mois, j'ai encore sept repas. J'ai aussi une bombonne d'oxygène à côté de mon berceau qu'on emporte partout, à chaque déplacement, à l'hôpital ou chez mes grands-parents.

Je dois être hospitalisée souvent à cause de ma gêne respiratoire et à cause d'infections. Presque chaque mois. Je ne prends pas de poids. Je me fatigue rien qu'à boire mon biberon alors je n'ai pas le temps de pousser. Ma mère m'a raconté que je mettais une demi-heure pour boire trente millilitres. Mais ce n'est pas à cause de ça que je suis petite aujourd'hui. Je fais un mètre quarante et un. Les personnes trisomiques sont petites, c'est comme ça.

En dehors de mes problèmes de santé, il paraît que je suis une enfant facile. Heureusement pour mes pauvres parents parce que des problèmes de santé, j'en ai pas mal…

# 3. Une belle saloperie

« C'était une belle saloperie ! » C'est ce que dit le professeur Binet à mes parents, à la sortie du bloc opératoire.

À 1 an, je ne pèse que cinq kilos sept et j'ai encore beaucoup de problèmes de santé. Mes parents sont épuisés. Ils se lèvent plus de dix fois par nuit, chacun à tour de rôle, pour me redresser quand je m'étouffe.

Mon insuffisance cardiaque risque d'abîmer mes poumons. Il faut opérer. C'est une intervention longue et très dangereuse. Mais on n'a pas le choix. Je vais à l'hôpital de Lille qui m'envoie au Centre chirurgical Marie Lannelongue au Plessis-Robinson. C'est là que je suis opérée à cœur ouvert le 9 septembre 1986 par le professeur Binet. L'intervention dure douze heures.

Il faut sept fois mon volume de sang pour cette opération. Alors, pour me soutenir, des professeurs et des parents d'élèves donnent leur sang au collège les Louez Dieu, où mon père est prof d'arts plastiques. La camionnette de don du sang s'installe dans la cour et toute la journée les gens défilent. Ils sont plus d'une centaine. Il y a même eu un article dans *La Voix du Nord*. Mon père connaît bien le directeur du collège, Henri Vignolle. Aujourd'hui, il est à la retraite et s'occupe des sans-papiers à Calais. Il leur amène de la nourriture là-bas, sous les tentes, avec son camion, il lave leur linge, donne des douches.

Les suites de mon opération sont encore plus compliquées. Le lendemain, les médecins doivent me rouvrir parce qu'un cathéter est coincé dans une suture. Et trois semaines plus tard, je fais une infection à staphylocoque doré. Je ne sais pas trop ce que c'est – encore un mot qu'il faut que je note sur mon carnet. Mais je sais que ça aussi c'est une « sacrée saloperie ». C'est ce que dit mon père. Puis, suit une troisième intervention chirurgicale, à cause d'une médiastinite. Du coup, j'ai une très grosse cicatrice au sternum. Ils disent qu'elle n'est « pas belle à voir ».

Je reste en réanimation jusqu'à fin octobre. Je suis encore dans un lieu stérile et mes parents ne peuvent pas me voir. Les chirurgiens leur expliquent que si j'étais une adulte, je me serais laissée mourir tellement je dois souffrir. Ils les avertissent aussi que je n'ai qu'une chance sur deux de m'en sortir et qu'ils peuvent décider de ne pas continuer avec moi.

Il faut que je me batte encore pour montrer que je veux vivre. Mais je ne sais pas parler. De toute façon, j'ai les cordes vocales coincées à cause des tuyaux que j'ai dans la bouche pour être alimentée.

Et puis mes parents ont le droit de me voir, enfin. Ils me regardent à travers une vitre. J'ai les bras et les pieds attachés. Je suis crucifiée, avec la tête coincée et des tuyaux partout. Ils parlent et je les entends. Je souris en reconnaissant leurs voix. Ils sont bouleversés. Ils sont toujours émus mes parents lorsqu'ils me racontent cette histoire.

Pendant trois mois et demi je lutte et je souris à mes parents pour les rassurer. J'ai une alimentation avec beaucoup de protéines pour favoriser la repousse des tissus et la fermeture de mon sternum. J'ai plein de pansements et des tuyaux partout à la bouche, au nez… même quand je sors de réanimation. Ma mère en enlève un peu pour les photos, pour qu'on voie quelque chose de ma tête. Mais je tire la langue sur tous les clichés parce que je n'ai plus le temps de voir l'orthophoniste à l'hôpital pour faire mes exercices.

Le 23 novembre, on m'enlève tous les tuyaux. Je rentre quelques jours avant Noël. Mon frère Mathurin était très inquiet durant tout ce temps où j'étais à l'hôpital. Il a 4 ans et demi. Quand je rentre à la maison, il me dit : « Je suis content que t'es pas morte. »

# 4. Allez, vas-y !

« Allez, vas-y ! » C'est comme ça que mes parents m'ont toujours boostée, dès ma naissance. Et ça m'aide. Même aujourd'hui, lorsque je fais des courses à Leclerc, ils me pressent. On part chacun de son côté et j'essaie de terminer avant eux. Je me sers du scan achat, je vais à la caisse, je paye et j'attends sur un banc qu'ils terminent leurs achats. Mon père y va tranquillement avec moi. Ma mère est un peu speed, mais c'est bien aussi.

Depuis que mes parents ont rencontré la famille Tô à ma naissance et qu'ils ont vu comme Fleur avait l'air heureuse, ils ont eu de l'espoir et ils ont décidé de m'aider le plus possible pour que je progresse toujours. Ils me stimulent sans cesse. Ils font tout ce qui est possible pour que je devienne rapidement autonome. Ils sont heureux à chaque fois que je fais un petit truc nouveau, même très simple. Ils guettent le moindre progrès : la première fois où je me tiens assise, la première fois où je prends le bouchon du biberon en main… Et ils photographient tout.

Mes parents me font aussi rencontrer tous les spécialistes. Ils remarquent que, bébé, je tire la langue, alors ils m'emmènent d'abord chez l'orthophoniste. C'est souvent chez les bébés trisomiques : on a la langue qui tombe. Toutes les semaines, on part à Douai chez une orthophoniste qui connaît très bien les bébés porteurs de trisomie 21. On va là-bas avec ma bouteille d'oxygène dans la voiture. L'orthophoniste montre à mes parents comment stimuler ma langue, comment rendre mes lèvres plus fermes, en me donnant à manger à la petite cuillère, en l'appuyant sur ma langue. J'arrête rapidement le biberon pour passer aux petits pots. Mes parents ont même collé dans mon album photo les étiquettes des petits pots Guigoz aux abricots, pommes ou carottes.

Mes parents consultent partout : une kinésithérapeute pour redresser mes pieds, faire des exercices de kiné respiratoire, une psychomotricienne. Puis des podologues pour mes pieds plats, une orthodontiste, un orthoptiste pour corriger mon strabisme. Je dois porter un cache sur mes lunettes pendant presque deux ans parce que je louche aussi, et j'ai des exercices avec un doigt où je dois encore plus loucher pour corriger. Je regarde mon doigt ou un stylo qui s'approche et je ne dois pas le quitter des yeux jusqu'à ce qu'il arrive presque sur mon nez. Mes parents m'emmènent aussi chez des pédiatres, des psychologues, cardiologues, pneumologues, stomatologues… Ils courent partout, m'emmènent aussi à des consultations spécialisées à Paris, à l'institut Jérôme Lejeune puis à l'hôpital Necker. Certains médecins ne cherchent pas trop à comprendre les causes et disent que mes soucis de santé c'est à cause de ma trisomie. Mais c'est un peu facile… Alors mes parents continuent à chercher des conseils ailleurs.

# 5. La guerre est déclarée

Je n'aime pas être entourée d'enfants. J'ai peur de leurs jeux, de leurs cris, de leurs mouvements brusques. Je n'arrive pas à suivre, ça bouge trop pour moi. Et lorsqu'ils se battent, je suis terrorisée.

À 3 ans, j'entre en maternelle. C'est une nouvelle épreuve pour moi. Mes parents ont un peu peur que je ne sois pas intégrée, que je sois bousculée. Je suis haute comme trois pommes. Je suis toute petite pour mon âge.

Mes parents sont très fiers de me voir partir avec mon petit cartable sur le dos, comme mon grand frère Mathurin. Lui, il est dans une autre école, toujours dans le public. Mes parents veulent absolument que je fasse ma scolarité en milieu ordinaire, mais ils ne peuvent pas me maintenir dans le public. J'entre à l'école Sainte-Marie-de-la-Présentation, à Arras. Je fais ma première rentrée en 1988. Sans problème et sans pleurs. Je suis plutôt cool et je m'adapte facilement.

Au début, je suis souvent en retrait dans la cour de récréation. Je n'aime pas l'agitation. Les bruits m'effraient, comme les sirènes d'ambulance ou de pompiers. Ça me rappelle toutes mes hospitalisations. Même aujourd'hui, quand j'entends des sirènes, je me bouche les oreilles. Ma mère me répète toujours : « Allez, vas-y Éléonore, n'aie pas peur ! », pour que j'aille vers les autres, ou pour que j'entre simplement dans un magasin... Des fois même, elle me pousse vraiment dans le dos pour que j'avance. Je fais un pas et elle me pousse encore. Et ça m'aide. Même pour commencer un dessin, un exercice, j'ai besoin qu'on me pousse. J'ai peur de rater.

Puis je commence à aller vers les autres enfants, à avoir des copains et des copines. Ça rassure mes parents. Mais je reste encore un peu en retrait. Mon frère dit que j'avais « un monde parallèle ». Je parlais à des êtres imaginaires, j'étais dans ma bulle. Plusieurs fois, mes parents me perdent à Monoprix. Parce que je pars, je me promène toute seule, je suis les rayons et j'oublie carrément ma famille. C'est comme ça que j'ai reçu ma première fessée. Mes parents étaient paniqués.

À la plage d'Hardelot, sur la Côte d'Opale, ils ont eu très peur aussi. J'avais 2 ou 3 ans. C'est là qu'ils décident de m'acheter chez le bijoutier une jolie petite gourmette plaquée or. Ils font graver dessus mon prénom et leur numéro de téléphone. Pour que je ne me perde plus. Je la porte encore aujourd'hui. J'ai un petit poignet.

Alors, lorsque je pars chez les scouts avec mon frère, ma mère doit bien expliquer qu'il faut faire attention à moi. Si je rencontre un âne, je peux rester à discuter avec lui et oublier complètement que le groupe continue à avancer. C'est vrai que j'aime bien les ânes. C'est doux, mais faut leur donner de l'herbe et des carottes pour les faire marcher. À l'association À Petits Pas de Ruisseauville, je fais plein de randos avec des ânes.

En maternelle, ça s'est toujours bien passé. Et puis on ne parlait pas encore de retard scolaire. Je fais toute ma scolarité en milieu ouvert. Ça a été très compliqué pour mes parents.

Chaque année, les commissions d'orientation veulent m'envoyer vers des établissements spécialisés. Et chaque année, mes parents entrent en guerre contre l'école et doivent se battre pour que je puisse y rester. Ils doivent expliquer, discuter, convaincre. Souvent je les vois désespérer, pleurer. Même mon père.

À la maison, on a des montagnes de dossiers pour la CDES (commission départementale de l'éducation spéciale), année par année, avec des projets pédagogiques, des rapports d'orthophonistes, de psy, des comptes rendus de tests, des lettres à « Monsieur l'inspecteur d'Académie... » C'est grâce à mes parents que je grandis auprès d'enfants comme les autres, que je progresse et prends confiance en moi. Mais souvent ils doivent me changer d'école. Chaque fois qu'on ne veut plus de moi, on me déménage. Pour la moyenne section de maternelle, mes parents ne sentent pas trop la maîtresse de la Présentation. Ils pensent que je ne vais pas être bien avec elle, alors ils m'envoient à Saint-Joseph.

Ces années 1990 sont épuisantes pour mes parents. Chaque année, ils doivent prouver mes compétences, mes progrès. Je fais des collections de tests. Des tests souvent inadaptés pour les personnes comme moi atteintes de trisomie. Des tests qui ne veulent pas dire grand-chose d'après mes parents et le docteur Leroux de l'hôpital Necker : test PEP, test Terman-Merrill... On ne sait pas trop ce qu'ils mesurent.

Mes parents collectionnent aussi les rapports. Rapport de l'institutrice X et de Madame la directrice Y, rapport de la kiné, rapport de l'orthophoniste, rapport du pédiatre Bernard Théret qui me suit depuis des années.

Et toujours, en bout, cette même décision de la commission qui « propose pour votre enfant une orientation en établissement spécialisé à la prochaine rentrée scolaire ». Chaque année, mes parents s'étranglent en lisant le courrier : « Les éléments et le bien de l'enfant justifient son admission dans un établissement spécialisé. »

Alors, mes parents, effondrés, écœurés, repartent en guerre. Ils écrivent une lettre de recours auprès de la CDES, demandent à trois institutrices et à une aide maternelle de soutenir leur demande de maintien en classe maternelle. Nouveau rapport de l'orthophoniste, puis de la kiné, nouveau rapport de l'institutrice Madame X et de la directrice Madame Y, demande de recours gracieux, puis demande de recours contentieux.

L'inspection académique s'en fout, pour elle je n'ai pas ma place dans une école ordinaire. Alors mes parents ameutent toute l'école pour moi. Ils font signer plus de mille parents pour me soutenir. Mais ça ne suffit pas. Ils prennent alors un avocat, Maître Vincent Potié. « Votre fille ne sera jamais Mozart, ni Einstein. Vous allez la tuer à vouloir lui faire faire de grandes études. » Vincent Potié se souvient de cette phrase du président de la commission lancée à mes parents. Mais lui, il sait que l'école, comme l'entreprise en milieu ouvert, favorise mon épanouissement, mon autonomie. Chaque année, mes parents se retrouvent comme devant un tribunal. On les traite d'« irresponsables ». Je n'aime pas ça. Mais ils refusent toujours de m'envoyer dans une école spécialisée. Toujours.

Finalement, j'entre dans une classe mixte. Maternelle le matin jusqu'à dix heures, puis cours préparatoire jusqu'à seize heures trente. Je suis toujours en milieu ordinaire et à Saint-Joseph. Je suis plus lente que les autres, c'est tout. Mes parents ont encore gagné une année. Ils me soutiennent toujours.

Mon frère Mathurin aussi est toujours près de moi. Il me protège, il m'encourage. Sur mes photos de spectacle de fin d'année à l'école maternelle, on me voit à 5 ans, sur l'estrade, en pleurs ou avec une sale grimace. Dans le coin de la photo, au bord de la scène, on voit toujours un petit garçon : c'est Mathurin, toujours là pour me rassurer.

## 6. Mon grand frère

Mathurin, c'est mon grand frère. Il a trois ans de plus que moi. À 8 ou 10 ans, il est tout blond avec de beaux yeux, le visage rond comme un ballon. Mat, c'est un hyperactif, un peu foufou. Il faut toujours qu'il fasse quelque chose. Il se défoule en roller, se blesse tout le temps, mais il s'en fout. Il court partout. Tout le contraire de moi. Moi je suis un peu lente et il me donne le tournis. Mes parents ne savent plus comment faire avec lui, alors ils l'emmènent à l'hôpital des enfants parce qu'il est vraiment trop speed.

Mat et moi, on est élevés pareil. Mais mes parents me consacrent beaucoup plus de temps. Avec ma trisomie, il y a un peu plus de complications... Petits, on dort dans la même chambre, sur des lits superposés. Mat en haut, moi en bas.

Mon frère est toujours là pour moi. Lorsque je suis en larmes, que j'ai peur, il me console, il me rassure. Il me dit de continuer. Il m'encourage et me montre le chemin et j'ai confiance en lui. Lorsque j'ai un problème au judo ou en ski, pour grimper dans un manège, ou entrer dans un lieu, quand j'ai des moments de timidité dans une foule ou un repas de famille, il s'occupe de moi, me pousse à y aller.

Il me calme aussi. Lorsqu'il m'emmène chez la kiné, parfois je panique sur le grand boulevard, à Arras, à cause d'une sirène d'ambulance ou de pompiers. Je reste complètement bloquée au bout du passage pour piétons, les pieds cloués au sol. Mat me dit que ça va passer, que ça ne me fera rien. Il me prend par la main.

Je suis toujours très proche de lui, mais on n'a pas les mêmes copains. Il me présente quelquefois les siens. Aux anniversaires par exemple. Parfois, il leur explique ce que j'ai, ma trisomie 21. Il joue un peu le professeur parce que ses copains ne connaissent pas cette maladie.

À la maison, on fait des puzzles, des coloriages, des trucs en Lego. Quand on revient de l'école, on fait nos devoirs à la même table, dans la cuisine. Mat, lui, termine en deux secondes. Moi, c'est beaucoup plus long et puis je m'applique pour écrire, le nez collé à ma feuille. Avec mon frère, on partage aussi des activités depuis tout petits, comme le judo ou le scoutisme.

C'est Mathurin qui m'apprend à nager. On est en vacances en Corse, à Porto-Vecchio. C'est le meilleur souvenir que j'ai de mon frère. J'ai 5 ou 6 ans et j'ai des bouchons tout autour de la taille et aux bras. C'est comme ça que j'appelle les flotteurs : les « bouchons ». Je suis dans la mer et j'essaie de faire des brasses. Je passe de mon père à mon frère, qui me tend les bras. Mon frère m'aide. Il est fier de moi. Et puis c'est très beau la Corse ! C'est plein de cochons noirs. Il y en a partout là-bas, des troupeaux. Sur la route, partout. Ils nous empêchent de passer. Mon père klaxonne, mais il y en a toujours d'autres qui arrivent et qui frottent la voiture. J'aime bien regarder les cochons. Et puis jouer sur des troncs d'arbre, en équilibre, pendant que mes parents et mon frère font du parachute ascensionnel.

Plusieurs fois par an, je vais en vacances avec mon frère chez mes grands-parents paternels, à Moyenneville. Moyenneville, c'est un petit village, à la campagne. C'est là que mon père est né. Mes grands-parents sont agriculteurs et ils élèvent des animaux. Je suis fascinée par les moutons. Ils ont de beaux yeux comme mon frère.

J'adore faire le tour de la ferme avec Mat. Elle est immense. On visite, un par un, tous les bâtiments, l'étable, le jardin, les cochons, les vaches, les poules, les lapins, l'endroit où on range les fruits…

Quelquefois mon père me tient à califourchon sur le chien pendant que mon frère conduit le tracteur. Je le suis comme ça dans les champs. Avec mes cousins et cousines, tout le monde se dispute pour monter dans le John Deere. L'été, on joue dans la piscine gonflable, je cueille des fleurs dans le jardin… Et parfois, on passe des vacances plus loin, à la plage. Avec mon père, on enterre Mathurin dans le sable. Sauf la tête pour qu'il respire un peu.

À Arras aussi, on s'amuse, surtout pendant la ducasse. C'est une fête foraine de chez nous, dans le Nord. Je vais dans les manèges avec les pompons. C'est toujours moi qui gagne des tours gratuits. J'aime bien les manèges qui montent et descendent comme un yo-yo. Je fais de la pêche aux canards aussi et des autos-tamponneuses. Mon frère prend une voiture et moi une autre et comme ça, on peut se rentrer dedans.

Mon frère ne supporte pas qu'on me parle différemment, comme si j'avais 2 ans. Au Judo club de l'Artois, alors que je suis ceinture jaune, il va même dire au prof de me parler normalement, de me respecter. C'est lui qui prend l'initiative. Alors, le prof se corrige. Jusqu'à ce que j'arrête le judo, à ma ceinture verte, il me parle comme aux autres élèves. Mat m'entraîne. C'est plus doux avec lui. Il m'apprend les prises, les chutes.

Avec mon frère, on partage aussi le scoutisme. Pas dans la même équipe : moi je suis avec les louveteaux, lui, il est scout, en bleu. Là-bas, je suis comme les autres. Mais on doit marcher vite et je ne peux pas toujours suivre. Le groupe est sympa et j'ai de supercopines, comme Mélanie avec qui je dors sous la tente.

J'aime bien mon frère. Il est chouette. En plus, il a des trucs vraiment marrants. Par exemple quand on lui fait des piqûres, ça le fait rire.

# 7. Les bonnes manières

À 7 ans, je suis une fillette agréable, au contact assez facile. Je suis encore un peu inquiète lorsque mes parents passent dans une pièce voisine, mais je vais plus facilement aussi vers des personnes inconnues. J'ai des difficultés d'élocution, mais je comprends tout ce qu'on me dit. C'est ce que racontent les rapports pour la commission.

Comme mes parents doivent montrer chaque année mes capacités et mes progrès pour me maintenir en milieu ordinaire, je continue à passer des batteries de tests. On me demande de dessiner un bonhomme, de me tenir sur un pied, de rattraper une balle, toucher mon pouce, faire des puzzles, imiter des gestes, trier des cartes par catégories ou répéter des phrases, des mots, des chiffres… J'ai quelques problèmes de mémoire, surtout pour les chiffres.

À la maison, ma mère m'apprend à lire et à écrire. Elle accroche des mots partout, sur les murs de ma chambre. Des mots en grosses lettres : « Papa, maman, Mathurin, maison, mamie… » et des pronoms « il, elle, nous, vous… » Comme ça, j'apprends à lire et aussi à articuler. Elle me fait répéter les mots et j'aime ça. À 2 ans, je reconnais quelques mots. Vers 4 ou 5 ans, je commence à apprendre à lire avec l'auxiliaire de vie scolaire et avec l'orthophoniste qui m'enseigne une méthode gestuelle : je dois associer un geste à chaque son. J'ai un livre qui s'appelle *Bien lire et aimer lire.* J'adore ce livre.

Je commence à écrire et compter à 6 ans. J'écris mes premières lettres à mes parents à 10 ans, dans le camp de louveteaux, chez les scouts avec mon frère. J'aime bien lire aujourd'hui. Je lis tout le temps. Je viens de commencer *Les Trois Mousquetaires* et chez moi, je lis des magazines sur l'actualité des animaux, comme *30 millions d'amis,* des journaux people, des magazines TV et *Presto !,* un petit magazine régional rock où ma mère écrit de temps en temps des articles sur des concerts. Et chaque fois que je vois un mot un peu compliqué, je le note sur un répertoire avec la définition de mon gros Robert Collège. J'ai cinq carnets comme ça. J'y mets des mots comme « hypothétique », « hibernation », « australe », « entremise », « élytre » ou « lapidation ».

Mes parents veulent que je sois respectée. Ils insistent beaucoup pour que je sois polie. Ils me demandent de dire « bonjour », « au revoir », « merci », de regarder mon interlocuteur quand je parle – et pas mes pieds mais ça, j'oublie souvent. Ils me demandent aussi de me tenir correctement. Ils veulent que je sois bien acceptée partout, alors depuis que je suis toute petite, je dois être polie et bien me tenir, à table, dehors, dans la rue… Ne pas mettre mes coudes sur la table, ne pas parler toute seule et ça, c'est un peu plus compliqué. Ne pas grincer des dents… Souvent quand je suis fatiguée, je grince des dents. La nuit, je mets une gouttière pour ne pas les user.

Même aujourd'hui, mes parents continuent à me faire des remarques. Ils attendent qu'on soit tout seuls et m'expliquent que ce que j'ai fait n'est pas bien. Ils me disent de ne pas remonter ma culotte en public, de ne pas me tripoter en regardant la télévision… « Ça, je dois le faire seulement quand je suis toute seule. » Ça fait rire ma mère quand je dis ça. Elle me dit : « Non tu ne *dois* pas le faire forcément, mais tu *peux* si t'es toute seule. » Je ne dois pas me triturer le nez non plus. Ne pas trop écarter les jambes quand je suis en jupe, mais ne pas non plus les croiser en tailleur, parce que c'est mauvais pour les jambes. Je dois être agréable, ne pas faire de manières, ne pas faire d'histoires, ne pas regarder par terre quand on me parle… Ça, je l'ai déjà dit, mais c'est vrai que je le fais souvent. Je sais que ça m'aide qu'on me dise tout ça.

# 8. La chambre de Stéphanie

Quand je vais chez Stéphanie, je monte directement dans sa chambre. On claque la porte pour être tranquilles. On met de la musique et on chante, on joue. Stéphanie, c'est ma copine. Quand je suis chez elle, je suis comme chez moi. Avec Stéph', on a presque le même âge. J'ai cinq ou six mois de plus qu'elle, c'est tout.

Depuis que j'ai 4 ans, on est ensemble.

On s'est connues à l'association Down Up qu'a créée mon père presque à ma naissance. Enfin elle avait un autre nom avant. C'est une association pour accompagner les familles de personnes atteintes de trisomie 21. Parce que Stéphanie, elle est triso, comme moi.

Dans sa chambre, on joue aux Polly Pocket : des petites poupées dans des maisons-boîtes toutes roses en forme de cœur. On joue à la dînette, à la pâte à modeler… L'été, on fait de la balançoire dans le jardin, du toboggan. On se raconte nos secrets sur le canapé aussi, ou on chahute un peu. Mais pas trop fort. Je dois faire un peu attention parce que Stéphanie porte une minerve. Elle est fragile des cervicales et elle doit la garder pas mal d'années encore. Elle n'a pas le droit de faire de sports violents.

Stéphanie a une grande cicatrice comme moi, très longue, mais fine. C'est sa maman Anne-Marie qui m'a expliqué ce qu'elle avait à la nuque. Ça m'a touchée. Anne-Marie aussi a une cicatrice, à la jambe. Elle me l'a montrée. C'est pour ça qu'elle préfère mettre des pantalons. En voiture, quand on discutait, je lui ai mis ma main sur sa jambe pour lui montrer que je suis là, avec elle, pour toujours. Anne-Marie me dit que je fais partie de sa vie.

Je pose beaucoup de questions à Anne-Marie et on parle beaucoup. Anne-Marie m'apprend des choses. Elle m'explique par exemple comment vivaient les mineurs de fond et comment ils travaillaient. Elle me dit des secrets elle aussi. Je lui écris des petits billets pour lui dire que je l'aime fort, que c'est ma grande copine. Je signe « la gazelle ». Elle m'aime beaucoup. On se fait des câlins. Les parents de Stéphanie m'emmènent partout, dans les parcs de jeux, faire du pédalo au Fleury et même en vacances.

Quand Stéphanie était toute petite, je ne la voyais pas tellement, parce qu'elle allait souvent aux États-Unis. Elle devait suivre un programme, la méthode Doman. Elle devait ramper et marcher à quatre pattes sur dix mètres, des trucs comme ça. Tous les six mois, elle devait partir là-bas pour faire ses exercices et du coup, elle n'allait plus à l'école. Tous ces voyages, ça coûtait cher, alors ses parents ont arrêté. Stéphanie est entrée en maternelle. C'est comme ça qu'elle est arrivée comme moi à la Présentation, mais pas dans la même classe. Et c'est au collège que je la retrouve enfin.

# 9. Les photocopies

M$^{me}$ Bisbrouck nous répète tout le temps : « Maintenant, vous n'êtes plus à l'école primaire, vous êtes au collège ! » Et on est vraiment fiers, tous les quatre, d'être au collège : Steph', Alexandre, Ludivine et moi. M$^{me}$ Bisbrouck, c'est notre nouveau professeur au collège les Louez Dieu, à Anzin-Saint-Aubin. C'est elle qui crée notre classe, dans une ancienne salle des profs. La première CLIS (classe d'intégration scolaire) du Pas-de-Calais. C'est l'association Down Up et le directeur de l'école qui en ont demandé l'ouverture. J'ai 13 ans quand j'entre au collège, en septembre 1998.

On a tous une trisomie 21, sauf Ludivine qui a une déficience intellectuelle légère. Mais on reste en milieu ordinaire et on partage avec les autres la récréation, la cantine, le réfectoire, les activités théâtre, chorale… et même quelques cours d'anglais.

Quelques jours après la rentrée, M^me^ Bisbrouck nous demande : « Qui peut aller faire des photocopies au secrétariat ? » Je lève tout de suite le doigt : « Moi j'y vais ! » Mais je n'arrive pas à dépasser la porte de la classe. Impossible. Je reste paralysée. Comme sur le grand boulevard d'Arras quand il y a des ambulances qui passent avec leur sirène.M^me^ Bisbrouck insiste, mais je ne peux pas bouger. Elle ne comprend pas pourquoi. Moi je ne sais pas ce que je dois faire après cette porte. Il y a une rotonde, un escalier, un hall, puis il faut ensuite entrer au secrétariat, parler… C'est beaucoup trop de choses. Je n'arrive pas à penser toutes les étapes.

Alors M^me^ Bisbrouck m'accompagne. Elle profite de toutes les situations pour nous apprendre des choses. Elle inscrit dans mon projet pédagogique : « aller chercher des photocopies », et chaque fois que je dois accomplir cette tâche, elle m'accompagne et s'arrête un peu plus tôt. D'abord à la porte du secrétariat, puis dans le couloir… Ça dure des mois. Après il me suffit de savoir qu'elle me regarde et je suis rassurée. Et puis un jour je sais y aller seule. Ça veut dire aussi que je peux aller dans d'autres endroits du collège, toute seule.

M^me^ Bisbrouck m'a expliqué plus tard que je l'avais aidée dans son travail, sans le savoir. C'est cette histoire de photocopies qui lui a donné l'idée d'une

« pédagogie de l'accompagnement » des personnes atteintes de trisomie. Moi je n'ai plus peur, même pas de ce géant de plus de six mètres de haut debout dans le hall d'entrée. Je passe devant lui chaque fois que je vais faire des photocopies. On l'appelle Léonard. Le Nord, c'est le pays des géants et celui-là a été fait par des élèves du cours d'arts plastiques. En fait, on l'appelle « Cré Léonard », c'est comme ça qu'on dit ici pour « sacré ». Il a un compas dans une main et une palette de peinture dans l'autre. C'est Léonard de Vinci. Il a même été sorti durant la Coupe du Monde, pour le match à Lens où jouait l'équipe de France. Il a fait sa ronde au stade Bollaert. Antoine, le responsable du nettoyage du collège, démonte parfois Cré Léonard. Je suis impressionnée quand je vois ça.

Dans la classe, j'aime toujours participer. J'aime aussi conseiller les autres et régler leurs problèmes. Je suis comme ça. Notre prof nous enseigne tout : histoire, géographie, français. Elle nous enseigne toutes ces matières, même à travers le théâtre. J'aime surtout le français et la cuisine. Tous les jeudis, on a cours de cuisine. Ça sent la pizza dans tout le collège ! Les autres classes se demandent ce qu'on fait. Même le directeur a envie de venir voir.

M^me^ Bisbrouck nous donne une liste de courses à faire au supermarché d'à côté pour acheter de quoi



9. Les photocopies

faire les pizzas. On choisit les produits, on paye à la caisse et après on cuisine en classe. C'est plus sympa que les mathématiques. Dès qu'elle nous en parle, avec Stéphanie on fait une drôle de tête. M$^{me}$ Bisbrouck dit qu'on « se décompose ». Alors, elle nous rassure : « Vous inquiétez pas les filles. On ne va pas faire les mathématiques avec des chiffres. On va faire des mathématiques avec des mots. » Alors on est rassurées.

Avec Stéphanie on est encore plus proches depuis qu'on est enfin dans la même classe. On est inséparables. Je n'hésite pas à lui dire ce que je pense : « Je ne suis pas d'accord avec toi Stéphanie », « Tu es une ado et tu te comportes comme une petite fille », « Steph', je n'aime pas quand tu fais des bêtises. » Quand elle fait des bêtises, je rougis comme si c'était moi. J'aime les choses carrées, j'ai le sens du rangement, mais Stéphanie s'en fout complètement. Elle est hyper-bordélique. Je lui demande si elle fera pareil quand elle sera dans son appart et lui dis que M$^{me}$ Bisbrouck n'ira pas la voir si ce n'est pas bien rangé.

M$^{me}$ Bisbrouck, elle, elle s'en fout que je parle seule. Dans la classe, elle me dit que je peux aller parler aux murs ou aux fenêtres si ça me chante. Mais pas à l'extérieur du collège. Elle dit que dehors, « faut que ça reste dans la tête, pas dans la bouche ».

Elle m'explique que tout le monde se parle à soi-même, mais dans sa tête.

Elle me corrige aussi parfois. Quand je croise le directeur du collège, Henri Vignolle, je lui lance : « Salut mon pote ! » Alors M^me^ Bisbrouck me reprend : « Bonjour Monsieur le directeur. » Mais c'est quand même mon pote.

C'est Henri Vignolle et mon père qui ont voulu que le collège soit ouvert aux élèves qui ont un handicap. L'idée leur est venue quand mes parents ont rencontré tous ces problèmes avec l'école. Ils se sont battus pour ça contre la direction départementale diocésaine qui n'était pas d'accord. Du coup, Manu est devenu président du collège. Il est toujours président de quelque chose mon père. Et moi, j'aime être la fille du président. Quand l'école s'est ouverte aux personnes handicapées, mon père a quitté la présidence et moi je suis arrivée.

Dans la classe, on a aussi deux médecins qui viennent régulièrement. Ils travaillent avec nous sur le corps, le bien-être… Une fois on a mis de la musique de relaxation puis une autre musique pour nous exprimer. Je ne sais pas pourquoi je me suis mise à pleurer. C'était trop beau. Je ne pouvais plus m'arrêter. Alors ils ont coupé la musique. Je ne sais pas pourquoi j'étais comme ça.

Quelquefois, je fais des exposés. Quand je suis chez M^me^ Bisbrouck, j'écoute beaucoup *Bitter Sweet Symphony* de The Verve et puis *Pure Morning* de Placebo, alors je décide de faire un exposé sur Placebo. Je prépare un questionnaire : de quel instrument joue Brian Molko ? Quelle est sa nationalité ? Combien sont-ils dans le groupe ? Où se sont-ils rencontrés ?

En janvier 1999, on est allés voir l'expo Goya, au Musée des beaux-arts de Lille. C'était notre première sortie avec la classe. On a pris le train à Arras. Dès que je me suis installée sur la banquette, j'ai sorti mon livre, comme m'avait dit ma mère. Quand on est arrivés à Lille, j'ai dit à M^me^ Bisbrouck : « Non, on n'est pas arrivés, ce n'est pas possible. » Ma mère m'avait donné « un livre à lire dans le train », alors je ne pouvais pas être arrivée puisque je n'avais pas terminé le livre.

On avait préparé notre visite en classe. Alors, on connaît déjà les tableaux, mais on préfère les voir en vrai. Arrivés au musée, on fait la queue pour les billets d'entrée. Devant nous, il y a un groupe de personnes. L'une d'entre elles balance en nous fixant : « J'espère qu'ils ne seront pas avec nous ! » Je dis à M^me^ Bisbrouck, tout fort : « Madame, il y en a un qui me regarde de coin, je n'aime pas ça. » On retrouve le groupe dans les salles d'expo. Il est très gêné. Avec Stéph', Alexandre et Ludivine, on va d'une peinture à une autre. Une dame du groupe qui nous regardait *de coin,* elle aussi, tout à l'heure, cherche le nom d'un des tableaux, alors je lui dis : « Il s'appelle *Les Vieilles.* »

J'aime bien ce tableau. Il y a un peu de tristesse. Mme Bisbrouck nous demande toujours de dire ce qu'on ressent. Elle nous laisse complètement libres de nous exprimer, et ne nous reprend jamais. C'est ce qu'on voit qui compte. Et moi je vois une dame qui regarde sa fille sans dire un mot et un homme qui travaille derrière à la moisson pour nourrir ses enfants. C'est ça pour moi *Les Vieilles.*

Quand on nous regarde *de coin,* Mme Bisbrouck fait parfois des réflexions. Comme lorsqu'on est allés voir les Galeries Lafayette à Paris, à Noël. Il y avait deux enfants avec leur père, tous montés sur la petite passerelle pour mieux voir les vitrines. Quand on est arrivés, la femme a dit à son mari : « Descends vite les enfants, regarde ce qui arrive ! » Elle parlait de nous. Mme Bisbrouck leur a dit ce qu'elle pensait. Et moi je l'ai soutenue : « T'as bien fait, on n'est pas des débiles ! »

Mathurin, lui, est parti un an en Australie. Il a 15 ans. Il est dans une famille d'accueil. En fait, il paraît qu'il en a déjà fatigué deux et qu'il est dans une troisième maintenant. Moi je ne suis pas bien sans mon frère. Je vois un psychiatre, le docteur Grenier, parce que je ne tourne vraiment pas rond. Je crois que Mathurin est mort. Je pense qu'il ne reviendra plus. Il ne me donne plus de nouvelles. Et c'est loin.

Ma mère dit que je n'ai pas la notion du temps, mais un an c'est trop long. Elle me raconte ce qu'il fait là-bas, me dit qu'il a laissé le roller pour faire du skate et du snowboard, mais moi je ne le vois pas. J'aime beaucoup mon frère et il me manque.

L'année suivante, mon grand-père maternel meurt, mon grand-père Henri. Je ne suis pas là quand ça arrive : je suis en camp scout en Bretagne. C'est mon frère Mathurin qui me l'écrit sur une carte. Et c'est ma grand-mère qui me le dit aussi, plus tard : « Ton grand-père est mort à l'hôpital d'Arras. »

Je l'aimais bien, il était doux et il me parlait normalement. En classe, je n'arrête pas de pleurer. Je suis hypertriste. À la fin, ça énerve vraiment Mme Bisbrouck. Je pleure tout le temps et je parle de mon grand-père. Mme Bisbrouck me fait remarquer que je pleure surtout quand elle me donne du travail. Alors, j'arrête.

J'ai un petit copain maintenant, Alexandre. Mme Bisbrouck nous a surpris quand on s'embrassait sur la bouche dans le coin cuisine de la classe. On s'aime. Je lui ai dit : « Madame, tu le dis pas à mes parents, d'accord ? C'est un secret entre nous... »

Dans la cour de récréation, il y a des grands de 4e ou de 3e qui nous embêtent parfois. Ils demandent par exemple à Alexandre d'aller embrasser quelqu'un, ou ils nous bousculent. Ils s'amusent. Mais nous, ça nous amuse pas tellement. Mon père dit qu'il faut « en passer par là » et qu'« on doit aussi s'endurcir un peu », « apprendre à se battre ». Les autres nous traitent aussi. Une fois, une fille me traite de « trisotte ». Je le raconte à Mme Bisbrouck. Elle m'explique que c'est parce que je suis une fille et que si j'étais un garçon, elle m'aurait traitée de « triso ». Ça m'a fait rire. Elle est quand même allée parler à la fille.

Certains dans le collège me regardent vraiment bizarrement ou méchamment. Ça me blesse. D'autres me traitent de « pute », carrément. Dans le car de l'école, quand je rentre le soir, des élèves me mettent du chewing-gum dans les cheveux. C'est arrivé deux fois. J'étais assise juste devant eux, dans le fond du car. Ça m'a vraiment blessée. Je sais que c'est parce que je suis atteinte de la trisomie 21. Ça les gêne, les grands, de me voir dans le même car qu'eux. Ils ne comprennent pas ce que je fous là. Quand je montre mes cheveux à ma mère, elle me dit : « C'est une honte ! »

Avec la classe on part aussi en Angleterre, à Canterbury. On mange des petits gâteaux anglais là-bas. On boit du thé. On remplit même un questionnaire avec plein de questions sur l'histoire de Canterbury. C'est ce que je préfère du voyage. C'est grâce à ce jeu que je me sens intelligente. Je me dis : « Ça, c'est mon truc ! »

Stéphanie prend des photos en marchant. Elle ne s'arrête jamais de marcher quand elle prend des photos. M$^{me}$ Bisbrouck lui conseille de s'arrêter pour cadrer ses photos. Elle ne comprend pas ça. Je lui dis d'écouter M$^{me}$ Bisbrouck. Alors Stéph' prête son appareil à M$^{me}$ Bisbrouck pour lui montrer comment faire. Après, on a développé les photos de Stéphanie. Elles étaient toutes réussies, sauf celle de M$^{me}$ Bisbrouck, parce qu'elle avait mis son doigt devant l'objectif. « Sacrée Madame ! », c'est comme ça que je l'appelle parfois. Je lui dis : « Madame, t'es quand même une sacrée ! »

En mars 2001, on part dans le Jura, à Lélex, dans le gîte rural de M$^{me}$ et M. Vacher. On est six cette année dans la classe, il y a Amandine et Élise en plus. Là-bas, on fait de la raquette et on mange de la tartiflette. On va au lac Léman voir les cygnes. On visite même une fromagerie et puis on joue au jeu de cartes avec Stéphanie, Élise et les autres. Philippe, le mari de M$^{me}$ Bisbrouck, voulait qu'on joue tous avec les mêmes règles, c'est pour ça qu'il ne comprenait rien à notre jeu. Nous, on avait chacun notre règle.

Élise était un peu perdue sans sa famille. Souvent, elle s'isolait et disait qu'elle allait appeler ses parents avec son paquet de mouchoirs à l'eucalyptus. Alors le soir, pour la rassurer, quand elle n'avait pas le moral, je lui disais de prendre ses mouchoirs pour téléphoner à ses parents. Ça la calmait.

Cette année, au collège, je chante tout le temps *Tender* de Blur, partout, en classe, en récréation… J'aime tout dans cette chanson, la contrebasse d'Alex au début, le refrain, Damon… Je l'ai dans la tête tout le temps, durant des mois.

« *Tender is the night*
*lying by your side.*
*Tender is the touch*
*of someone that you love to much…* »

Quand M$^{me}$ Bisbrouck nous demande de choisir une musique pour réciter une poésie, je choisis cette chanson de l'album *13* de Blur. Et dans le cours d'anglais que ma mère donne à des jeunes sourds et malentendants, lorsque je fais un exposé sur Blur, je chante encore cette chanson avec Julien qui m'accompagne à la guitare. Il est sourd, mais il sent les vibrations. Je suis allée chez lui, il a même une batterie. J'aime bien quand Graham reprend « *Oh my baby, oh my baby, oh why, oh my…* » Et quand je vois Julien, il me chante toujours « *Come on, come on, come on, get through it…* » Une copine à ma mère me donne même la partition que j'essaie de jouer avec Pierre Mordacque, mon professeur de guitare, avec lequel j'ai commencé à prendre des cours.

Je reste trois ans, jusqu'en juin 2001, dans la classe de M^me^ Bisbrouck. J'ai déjà presque 16 ans. Alors, pour ne pas être en trop fort décalage d'âge, je quitte le collège et entre au lycée.

# 10. Les années lycée

Quand j'arrive au lycée, on me regarde avec de gros yeux, genre « Qu'est-ce que tu fous là ? » C'est comme ça qu'on me parle : « Qu'est-ce que tu fous là ? » Je laisse dire. Je suis plutôt timide. Mais on ne m'a jamais agressée, ni sexuellement. Quand je dis ça à ma mère, elle me dit :

« Ah bah, encore heureux ! »

C'est en 2001 que j'entre au lycée privé Baudimont Saint-Charles, à Arras, en classe d'intégration professionnelle (CLIP). C'est un peu compliqué... Là-bas, au début, je suis avec des élèves que je ne connais pas et qui ne me connaissent pas. Alors, on me regarde de travers, méchamment. Ce n'est pas comme en CLIS où j'avais mes copains qui me protégeaient. Là-bas, c'est un peu dur au début.

Je m'habitue doucement, mais je ne suis pas très bien dans ma peau.

En septembre de l'année suivante, ma mère est convoquée en urgence à l'infirmerie du lycée. Elle arrive paniquée. Elle est prof d'anglais juste à côté, dans le même établissement. L'infirmière lui montre une lettre que je viens d'écrire à Mathilde. Une lettre de suicide. Mathilde a eu peur, alors elle en a parlé au prof qui en a parlé à l'infirmière qui l'a montrée à ma mère. Mes parents ne connaissent pas Mathilde, mais je la vois tout le temps en récréation.

Dans la lettre, je parle de la chanson de Roch Voisine, ma préférée : *Elle est ma tendresse.* Je la lui dédie et puis je parle de me « planter un couteau en plein ventre » parce que « j'en ai marre d'être comme ça ». Je crois que c'est là que Mathilde comprend qu'il y a un truc qui ne va pas. Je lui écris que je ne veux plus vivre avec ma cicatrice et que je veux mourir. Je termine par « *I love you* ».

Alors ma mère me prend dans un coin de l'infirmerie pour me parler en privé. Elle veut comprendre. Elle a eu peur et elle est en colère en même temps. Je vais dire une grossièreté, mais je crois que je me suis conduite un peu comme une garce. Je m'en veux d'avoir écrit cette lettre. Je sais que c'est grave. Ma mère appelle mon père qui arrive peu de temps après. Je crois qu'il a eu très peur.

L'infirmière me conseille de voir un psychiatre. Mais je vois déjà M. Grenier depuis deux ans. Je lui dirai pour cette lettre. Lui, il trouve les mots pour me rassurer. Mais je ne lui parlerai pas de ma cicatrice. Je ne veux pas qu'il sache. Je suis un peu complexée.

Ma mère pense que je me fais des films, que j'aime bien me créer un monde avec des histoires d'adultes comme dans les séries que je regarde, *Sept à la maison* ou *Sous le soleil*. Je crois que c'est comme ça qu'elle a rassuré l'infirmière. Moi j'ai rencontré l'actrice Catherine Adams de *Sous le soleil*, elle est marraine de l'association Trisomie 21. Elle joue Blandine, la mère de Laure qui s'appelle, en vrai, Bénédicte Delmas. J'ai des dédicaces et aussi des photos de Tonya Kinzinger. En tout cas, je n'ai plus jamais eu d'idées de suicide.

Après mes cours de lycée, je retrouve quelquefois Stéphanie chez elle. On joue dans sa chambre, au Scrabble junior, au loto, aux devinettes. On regarde le DVD *Harry Potter* et puis on chante à tour de rôle en écoutant les CD de Garou, de Roch Voisine ou d'Hélène Ségara. Quelquefois, on dessine aussi. Stéphanie prend des cours de dessin.

Moi, je préfère la guitare. Je continue mes cours avec Pierre Mordacque. Maintenant, tous les samedis, j'ai guitare acoustique. Je travaille les bases, les notes, la mélodie, les accords. Pierre m'écrit des chansons et sort les partitions qu'il choisit sur son ordinateur. Il m'a écrit *Éléonore song*. On s'amuse à trouver des titres et ça me fait bien rire. Il l'a appelée *Elle est au Nord, Song*.

Quelquefois Mathurin passe, le week-end. Ça fait un an qu'il a quitté la maison, mais il a toujours les clefs et il vient quand il veut. Il prépare un BTS à Calais. Il a trouvé une copine, elle s'appelle Maïté. Elle aussi, il la voit le week-end. J'aime bien quand mon frère est heureux. Il est devenu plus calme depuis qu'il est parti. Un jour, je ferai comme lui. Je partirai.

Mon père a trouvé une voiture d'occase pour Mat. Mat vient d'avoir son permis. Maintenant il peut aller chez Maïté à Neuville-Saint-Vaast. Mais là-bas, il éclate sa voiture contre une maison. Elle est foutue maintenant. Ça ne faisait même pas trois semaines qu'il l'avait. Il s'est énervé avec un copain, alors il a serré le frein à main d'un coup et hop ! Nous, on était aux Canaries avec mes parents. Quand on est rentrés, on a vu qu'il avait aussi éclaté la table en marbre du salon avec ses copains. Ils avaient fait une petite fête.

Une fois par semaine, je vais chez l'orthophoniste. Elle m'apprend l'articulation dans la lecture, le masculin et le féminin, les temps. Elle m'explique aussi comment ne plus bégayer : je bégaie encore beaucoup. Elle me donne des exercices à faire devant une glace pour la déglutition. Quand je ferme ma bouche, je dois mettre ma langue sur mes dents et serrer mes lèvres. Comme ça ma bouche reste bien fermée. Et je continue à voir Carole, ma kiné.

Pour mon premier stage, en 2003, je travaille au secrétariat du lycée, pour des demi-journées. Puis la directrice m'envoie à la maison de retraite La Belle Époque pour laver le sol, nettoyer les tables… C'est vraiment pas mon truc ! En plus, je déteste me salir les mains. Alors, mes parents demandent que je puisse entrer en BEP secrétariat, à temps partiel. Je veux faire un travail administratif et je veux absolument apprendre l'informatique.

La responsable du lycée trouve ça bizarre. Elle ne veut pas trop de moi. Elle dit à mes parents : « Nos BEP trouvent déjà difficilement un stage ou un emploi. N'y pensez même pas pour une trisomique ! » Finalement, elle accepte en disant à ma prof de me prendre, certaine que ça ne marchera pas et que mes parents comprendront.

Sauf que ça marche. Je continue même l'année suivante. C'est comme ça que j'entre dans l'unité pédagogique d'intégration en lycée professionnel et, en même temps, en 1re année BEP secrétariat. J'ai 19 ans. J'ai trois heures par semaine, en cours de travaux professionnels pour apprendre les métiers de secrétariat, en plus de l'enseignement général dans la classe de regroupement, avec sept autres porteurs de la trisomie 21.

Je suis heureuse : je commence des cours d'informatique avec la prof Lise-Marie De Reu. Ça, ça me plaît. J'apprends aussi la bureautique, le courrier, le classement.

En cours d'informatique, je suis la seule atteinte de trisomie 21. Alors, on me regarde un peu bizarrement au premier cours. Les élèves sont étonnés. Ils se demandent pourquoi je suis dans cette classe. Je suis un peu intimidée. Je ne connais personne et il y a beaucoup de monde. Je suis accompagnée d'une AVS, une auxiliaire de vie scolaire. Elle s'appelle Nadège.

Le deuxième jour, je suis beaucoup plus à l'aise. Les autres élèves voient que je n'ai pas plus de difficultés que les autres de la classe. Je suis vite intégrée. Mon AVS est très contente d'apprendre avec moi, surtout le logiciel Word, parce qu'elle ne connaît rien à l'informatique et elle est complètement paumée. Je l'aide beaucoup.

Au début, j'ai encore un peu besoin d'être rassurée. À la fin d'un cours, je viens me blottir contre le professeur. Lise-Marie De Reu dit : « Éléonore, tu sais, je ne peux pas faire de câlins à tout le monde. » Toute la classe rigole. Elle m'explique que je ne dois pas faire ça en situation de travail, en entreprise. Je dois rester comme les autres.

Le troisième jour, Mme De Reu me met avec Angelo, un élève un peu speed comme mon frère. C'est avec lui que je dois travailler. Angelo devient un vrai copain. Il est trop sympa. Il bouge beaucoup. Je dois toujours lui dire de rester assis. Je le retrouve à la récréation pour discuter. Je suis contente aussi parce que j'arrive à faire des trucs que les autres n'arrivent pas à faire sur Word et Excel. Et je tape avec mes dix doigts, sans regarder le clavier.

Je suis très organisée et concentrée pour gérer mes dossiers. Et puis je suis carrée, minutieuse. Maintenant je maîtrise mieux l'informatique que j'utilise presque tous les jours. Ma classe m'aime bien. Au lycée, lorsque je suis absente, tout le monde demande où je suis. Et quand il y a des sorties avec le BEP, il y a toujours un élève pour demander si je viens aussi, même pour le cours de droit.

C'est comme ça que je vais à la cour d'assises de Saint-Omer. J'y passe la journée là-bas avec la classe. C'est vraiment impressionnant ! Un homme arrive avec les poignets menottés. Une histoire d'enfant assassiné je crois. Lise-Marie De Reu est à côté de moi et m'explique tout. À midi, on sort manger au McDo et puis on retourne suivre l'audience. J'ai encore la photo de classe devant le bâtiment de la cour d'assises.

En septembre 2003, je suis hospitalisée trois jours pour une pyélonéphrite, une infection des voies urinaires. Je crois que c'est parce que je me retiens trop à l'école. Parce qu'on n'a pas le droit d'aller aux toilettes en dehors de la récréation. Ma classe ne m'a pas oubliée et ça me touche beaucoup. À l'hôpital, je reçois une carte avec un petit mot de chacun pour me souhaiter un bon rétablissement.

Ma mère est avec moi. Je suis contente. Elle, elle est un peu dégoûtée quand même : à cause de ma pyélonéphrite, elle rate le concert de Damon Albarn du 22 décembre à Londres. Elle avait acheté son billet de concert et même celui de l'Eurostar. C'est l'unique concert solo de Damon et elle est super-fan. Elle a même créé un site sur Blur. On est allées les voir en octobre, à Bruxelles.

Ce n'est pas si grave, on rigole bien à l'hôpital. On regarde *Le Père Noël est une ordure* et puis après, on suit la finale de Star Academy avec Michal. Il perd face à Élodie Frégé, mais elle lui laisse la moitié du million d'euros qu'elle gagne. Et grâce à des perfusions et des antibiotiques, je guéris vite. Quand je reprends les cours, ma mère me remet une lettre du médecin pour m'autoriser à aller aux toilettes quand je veux. Je n'ai pas envie de retourner à l'hôpital.

Cette période lycée avec la CLIP est vraiment sympa. Je fais des sorties avec mes amies, Stéphanie, Victoria, Ségolène. On part même à Agny, à quelques kilomètres d'Arras, avec la classe et mon ancien prof de judo, Marc. Avec des tandems que le Rotary club a offerts à l'école. Moi je pédale avec Astrid. On visite un moulin pour voir la fabrication de la farine. On dort dans un gîte et on fait des soirées marrantes où je fais des crêpes et des danses turques…

## 11. L'ARAIGNÉE QUI MARCHE À RECULONS

Avec Pierre, mon prof de guitare acoustique, on a du mal à trouver une guitare à ma taille. Je suis petite et j'ai des petites mains. On choisit une guitare pour enfant et on raccourcit la taille du manche avec un capodastre. Ça m'aide, le capo. Pierre me trouve aussi une méthode simple pour lire les notes, parce que j'ai des problèmes avec le solfège. Il adapte des partitions pour moi et m'écrit des petites choses pour muscler mes doigts, développer mes gestes.

Pour l'emplacement de mes doigts, il invente des expressions rigolotes : une « araignée à deux pattes », pour que je joue avec deux doigts, ou « l'araignée qui marche à reculons », pour que je monte vers les graves. On s'amuse aussi à trouver des noms aux morceaux qu'il invente pour m'aider et ça me fait rire.

Pour travailler l'accord de sol, on appelle le morceau *Recette de sole,* comme le poisson.

Je joue *L'Amour à la machine* de Souchon et même *Les Yeux noirs,* plus jazz manouche, ou des trucs blues boogie comme il aime. Pierre aime surtout le jazz blues et le rock. Mais il me laisse choisir ce que je préfère. Alors j'apprends à jouer *Belle demoiselle* de Christophe Mae, *Elle habite ici* de Gérard de Palmas ou *Morgane de toi* de Renaud... J'ai juste quelques soucis avec le tempo. Je crois que je suis trop lente.

Puis je commence à m'intéresser à un rock plus dur, à la pop. Avec ma mère, on fait tous les concerts rock du coin et les festivals, on va même plus loin, à Bruxelles, Lille, Paris, Saint-Malo... À La Route du Rock, je vois The Bees, Leaves, The Notwist, Black Rebel Motorcycle Club, Suede... À Arras, je vois souvent Atlantys et j'arrive à entraîner ma mère pour Jenifer et Nolwenn Leroy.

Et puis, bien sûr, on est toutes les deux hyper-fans de The Servant. On adore. J'ai vu une vingtaine de leurs concerts, ma mère, une quarantaine, plus les balances avant les concerts. Elle est pote avec Dan Black. J'adore la façon de bouger de ce gars : comme un singe ! Et puis, il a du mal, comme moi, à dire les *u* parfois, j'ai remarqué ça. Il dit « merci beaucu » avec son accent.

On les a découverts en février 2004, quand ma mère, pour la sortie de l'album *The Servant,* est partie à Lille interviewer le guitariste et le chanteur, Chris et Dan. Elle a enregistré le concert et à la fin, leur a demandé si elle pouvait mettre une ou deux chansons sur son site consacré à Blur. Finalement, elle a refait carrément un autre site sur The Servant. Elle a créé le fan club officiel du groupe et un fanzine papier. Maintenant, on est pote avec toute la bande. Ma mère est même partie à Londres chez Trevor, le batteur, et aussi chez Chris pour l'interviewer encore.

Avec ma mère, on les suit partout : à Châlons-en-Champagne, au festival Solidays, à Paris-Plage, à Henin-Beaumont, au Splendid de Lille... Mais on continue d'aller voir d'autres concerts : Sharko, Admiral Freebee, Ghinzu, Red, Dimitrios, VedeTT, Bashung... J'adore Bashung, surtout *Osez Joséphine* et *Ma petite entreprise.* C'est comme ça que j'appelle le bureau de mon père : « Comment elle va ta petite entreprise qui connaît pas la crise ? » Ça le fait rigoler.

En novembre 2004, on retrouve The Servant à Lille, à la Catho[2]. C'est le neuvième concert du groupe que je vois depuis celui de mai, à La Cigale, à Paris.

2. La Catho est le surnom donné à l'université catholique de Lille. (NdE)

Je m'éclate. Dan chante mes chansons préférées : *Jack the Ripper, Cells, Liquefy*. Généralement, dans les concerts, j'aime bien être dans la fosse pour danser. Comme je suis petite, je laisse mes parents derrière, pour aller juste devant. Parce que dans la foule, je suis écrasée et j'étouffe. À la Catho aussi, je me mets devant. Sur la scène, Dan s'accroupit et lance son bras vers moi en me regardant dans les yeux. Je sais qu'il chante pour moi.

## 12. Mes apprentissages

Je veux gagner ma vie. Vite. Travailler et avoir un appart pour moi toute seule. C'est pour ça que je collectionne les stages. Je me bats pour ça. Après mon stage à La Belle Époque, une maison de retraite d'Arras où je fais des ménages, je travaille en comptabilité à Pas-de-Calais Habitat. Je m'occupe de l'enregistrement du courrier, des timbres fiscaux, un peu de téléphone… Puis je rentre en stage à la médiathèque et même à la chambre des métiers. Je suis ensuite stagiaire à l'agence Tournant, une agence de communication où mon père travaille à présent.

Mais c'est à l'ancienne clinique Bon Secours, celle où je suis née, que je deviens sûre de mon choix professionnel : le secrétariat. Mais on ne me propose que de l'entretien, de la restauration… Ça ne m'intéresse pas. Je ne veux pas non plus travailler dans un CAT (centre d'accès par le travail). En plus, les listes sont longues. Je veux travailler comme tout le monde. C'est pour ça que je suis des cours en BEP secrétariat et fais des stages en alternance.

Au début, pour mon premier stage de quinze jours, j'ai un peu de difficultés à la clinique. Pour placer une adresse sur une enveloppe, par exemple. J'inscris systématiquement l'adresse en haut et à gauche de l'enveloppe. Je travaille ça avec M$^{me}$ De Reu. On trouve un truc : je cache avec mon bras la partie de l'enveloppe où je ne dois pas écrire et c'est réglé !

C'est Down Up qui avait contacté la DRH de la clinique pour ma formation. Le lundi et mardi, je suis dans l'unité pédagogique d'intégration et le jeudi et vendredi, à la clinique. Au début, mes collègues se demandent quel handicap j'ai exactement, s'il faut être derrière moi tout le temps, si je vais prendre du temps sur leur travail. Pour les rassurer, ma chef de service est toujours présente quand je suis là.

Quelquefois, je boude ou je m'énerve. Mais je comprends vite qui est la chef. Je fais souvent des répétitions aux toilettes, devant la glace. Je répète ce que je vais dire. J'ai besoin de me donner confiance. Il m'arrive de rester une demi-heure enfermée et mes collègues se demandent ce que je fous.

En plus de ma formation et de mes stages, en 2005 et 2006, avec ma mère, on continue à suivre The Servant partout. Au Splendid de Lille, à l'Olympia, à Cergy-Pontoise, Colmar, Cologne, Flers… Bientôt, je connaîtrai toutes les salles de spectacle ! On va leur dire bonjour à des séances de dédicaces, comme à la Fnac Bastille et bien sûr, on ne les rate jamais lorsqu'ils passent à la télé, comme à *Taratata* où ils interprètent *Orchestra*.

Juste avant le concert de l'Olympia, Matt Fisher, le bassiste, me donne son chapeau. J'étais à l'entrée avec ma mère. Il m'a dit : « C'est pou toi, Eleanor, pou tous les jous de ta vie ! »

Et puis, on court aussi les autres concerts : Jean-Louis Murat, Matthieu Mendès, Raphael, Amadou et Mariam, Depeche Mode…

Pierre, mon prof de guitare, joue avec Peter Nathanson, un bluesman américain. Lorsque Nathanson vient dans la région en septembre 2006 pour un concert organisé à la salle des fêtes d'Athies, pour le centre de musique, j'y vais aussi. Il y a une guitare électrique à gagner. C'est moi qui suis la « main innocente » qui doit tirer un nom du chapeau.

Je suis sur la scène et je sors un papier au hasard, et là, j'ai rien compris : je tire mon nom. Les gens se regardent, ils ne comprennent pas non plus. J'ai gagné, je suis superheureuse. C'est Peter Nathanson qui me remet la guitare et il me la dédicace. C'est une Fender Stratocaster, juste à ma taille. Alors avec Pierre, je décide de me mettre à la guitare électrique et de revendre mon autre guitare.

Le 4 décembre 2006, après deux ans de formation professionnelle à la clinique, je suis embauchée. C'est un CDD de dix-huit mois. Je travaille vingt heures par semaine. C'est mon premier vrai contrat. Je suis heureuse. J'ai un boulot comme tout le monde. Mais on réduit mon taux d'incapacité de 80 à 60 %. Ça veut dire que je n'ai plus l'allocation d'adulte handicapé. Et ça, ça énerve vraiment mon père. Il pense qu'on veut nous faire payer d'avoir voulu que j'étudie et que je travaille comme tout le monde. Alors, on a encore appelé l'avocat Vincent Potié et on a encore gagné.

# 13. Mes amoureux

Parfois, je ne me trouve pas belle. Certains me regardent de travers et ça me blesse. Quand j'ai été opérée de ma malformation cardiaque, on a dit : « Oh, elle n'est pas belle à voir ! » C'est pour ça surtout. C'est un peu compliqué à expliquer... Quand je fais du shopping, les soldes, je cherche des robes qui montent jusqu'en haut pour cacher ma cicatrice. Je n'ai pas envie qu'on la voie. Je ne veux pas des vêtements avec des décolletés. Les maillots de bain, c'est pareil. Je choisis des maillots qui montent et cachent tout le haut.

Mais dès que je la cache, je deviens belle. On dit que je suis coquette. J'aime bien être un peu garçon manqué, mais j'aime aussi mettre des robes, des jupes. J'aime changer de lunettes. J'ai plusieurs paires que j'assortis à mes tenues. Et puis j'adore les coiffures en pétard, le style rock. J'ai eu les cheveux orange, rouges... Ma mère, elle, elle s'est déjà teinte en rose.

J'ai eu beaucoup de petits copains. À l'époque du collège, j'ai connu Michaël. Je crois que c'était mon premier amoureux... enfin je ne sais plus trop. J'avais 15 ans et lui 14. J'aimais bien ses yeux et en plus il avait une casquette ! J'aime bien ça. Il me tenait la main. On se regardait. Il m'a embrassée comme un sauvage et j'étais un peu gênée. C'était dans la cour du collège. On mangeait ensemble à la cantine. On a eu une petite aventure de rien du tout. Parce que dans ma tête, je me suis dit que ce n'était pas un garçon pour moi : il est beaucoup trop jeune. Il parlait comme un jeune. Je l'ai plaqué.

Au lycée, j'ai eu deux autres petits copains. Alexandre que j'ai retrouvé du collège. J'étais déjà amoureuse de lui chez Mme Bisbrouck. Il était ouvert, super-sympa avec moi. On discutait beaucoup. Son style cool était chouette et il était posé, calme. Il avait une trisomie, pas comme Michaël. Je l'ai embrassé sur la bouche à la récréation du lycée, pour qu'il sache que je l'aimais. Mais lui, il pensait qu'on n'avait pas le droit. Je n'ai pas compris pourquoi. De toute façon, il était trop timide. Ça a été rapide avec lui aussi.

Après, j'ai rencontré Pierre-Alexandre. On s'aimait beaucoup. On s'embrassait, j'allais dans ses bras. Je le voyais à la récré. J'aimais bien ses yeux, sa bouche, sa façon de parler... tout ! Ça a duré longtemps. C'était aussi au lycée.

Et puis il y a Robin. Robin a cinq ans de moins que moi. Il prend des cours de théâtre. Moi j'avais déjà arrêté mes cours de guitare quand je l'ai rencontré. Quarante euros, ça devenait trop cher ! Robin est très doué. Il s'est même produit à la Comédie-Française. Il a joué là-bas sur scène, *Le Malade imaginaire*. C'est là où j'ai pensé : « Ça, c'est un mec pour moi ! » C'était quelques mois avant que je sois embauchée en CDD à la clinique. J'ai carrément eu un coup de foudre pour lui. Il ne travaille pas comme moi. Alors je l'aide pour qu'il trouve un boulot stable. Il fait des stages, il cherche.

Voilà, je suis amoureuse, comme mon frère. Mathurin vient de se pacser avec Maïté.

Je continue à m'éclater en concerts : The Idle Lovers, Skye, Simple Kid, Thomas Dybdahl... et en juillet 2007, au théâtre antique de Fourvière, à Lyon, je vais à mon vingt-sixième concert de The Servant, un mois après le Showcase. Ils font la première partie de The Good, The Bad And The Queen, un autre groupe, dont fait partie Damon Albarn que j'adore.

# 14. Je gagne ma vie

Et puis en juin 2008, j'obtiens mon CDI à l'hôpital privé Arras Les Bonnettes. Quand le directeur m'annonce la nouvelle dans son bureau, je suis folle de joie. Je n'y crois pas. J'ai envie de frotter mes mains, comme je fais quelquefois quand je suis contente, ou de sauter en l'air, mais je veux rester professionnelle. Je suis fière d'y être arrivée, enfin.

J'écris des petits mots pour mes parents, des mots de remerciement pour leur aide. C'est grâce à eux que j'y suis arrivée. J'écris que je vais montrer que je suis une pro, que je suis fière de mon parcours. Et puis je signe « la salariée ». J'aime bien écrire des petits mots de remerciement et d'amour à mes parents, à mon frère, à mes amis, à tous les gens que j'aime. Mes parents en ont plein les tiroirs du bureau.

Mathurin travaille dans le transport logistique et moi je vais être agent administratif pour la Générale de Santé d'Arras Pas-de-Calais, au service facturation de la clinique. Pour Mat, ça se passe bien. Avec Maïté, ils viennent de s'acheter une maison. Stéphanie, elle, a signé il y a quelques mois son premier CDD avec la mairie de Beaurains. Elle travaille maintenant à la bibliothèque municipale Louise Michel. Elle s'occupe de l'entrée et de la sortie des livres, du classement, du rangement des livres jeunesse, des revues…

Le jour de mon embauche, on fête mon nouvel emploi en mangeant de la pizza à la clinique. Je fais un petit discours. Je remercie toutes mes collègues de travail. Je dis que je suis heureuse d'être avec elles et que je ferai des efforts pour bien travailler. Je me sens bien intégrée dans mon service et il y a une bonne ambiance. Je prends du plaisir chaque jour à aller à mon boulot.

Je me réveille tous les matins à sept heures vingt-cinq. Je prends mon petit déjeuner : deux yaourts et un jus d'orange et je file prendre le bus de huit heures trente-deux sur la ligne 6, jusqu'au terminus qui me dépose devant mon travail. J'arrive autour de neuf heures, toujours à l'heure ou en avance. Je commence à neuf heures quinze.

Pendant le festival Main Square, c'est plus compliqué. Surtout pour arriver à l'heure. C'est la pagaille partout dans la ville et mon bus doit faire un énorme détour pour me déposer au travail. J'ai peur d'arriver en retard. Ça me stresse un peu. Mais c'est génial. Il y a plein de jeunes dans les rues, avec des looks rock, des cheveux colorés… Ça danse partout et c'est juste à côté de chez moi, sur la Grand'Place d'Arras. J'ai de la chance d'habiter ici. Cette année, c'est la folie. Je vois en concert Mika. Tout le public chante avec lui *Grace Kelly, Billy Brown*. Et puis il y a les BB Brunes, The Kooks, Sigur Rós, The Dø, Vampire Weekend et surtout… Radiohead ! J'adore toutes leurs chansons, surtout *Karma Police, Creep…* et aussi *No Surprises* et *Paranoid Android* qu'ils chantent au concert.

Quand j'arrive au boulot à la clinique, je vais jusqu'à « la Radio[3] » voir s'il y a des documents pour le DIM (département de l'information médicale). Puis je passe faire un petit bisou à toutes les hôtesses à l'accueil et je prends les caisses d'assurance maladie. J'arrive dans le bureau que je partage avec Isabelle. Je l'embrasse, je lui donne « les caisses[4] »,

3. « La Radio » : diminutif pour Service de radiologie du centre Marie Curie. (NdE)
4. C'est ainsi qu'Éléonore et ses collègues nomment les « Caisses d'assurance maladie ». (NdE)

je me déshabille et je fais le tour des collègues de la facturation pour dire bonjour et déposer les documents récupérés. Je fais un café à Isa et un thé pour moi. C'est comme ça que je démarre tous les matins. Il me faut ma grande tasse de thé. Je prends place à mon bureau et commence mon adressage.

Isabelle est plus qu'une amie. Elle est presque une deuxième mère. Je l'appelle « ma Choupinette » et à elle aussi j'écris des petits mots pour lui dire que je l'aime. Quelquefois, je le lui dis simplement : « Tu sais Isa, je t'aime. »

Quand elle ne va pas, je le vois tout de suite. Je lui dis qu'elle peut tout me confier. Des fois, je rêve d'elle, qu'on se chouchoute et qu'on va dans un petit endroit secret qui est dans ma chambre. Je rêve même de ma directrice, que je lui touche les cheveux, que je lui caresse la joue.

Au service facturation, je trie le courrier, je fais de l'adressage et de la mise sous pli, du classement alphabétique et numérique, j'envoie des fax, j'aide à l'accueil, je fais des photocopies et je réponds parfois au téléphone. J'ai même dit à ma chef Catherine que j'aimerais bien faire le standard plus tard. Elle avait l'air très surprise.

Je prends tous les papiers qui concernent mon service, je les place dans un bac et j'emmène le tout à mon bureau. Je range les règlements d'un côté, les prescriptions de l'autre. Je glisse les prescriptions dans la fente « Sainte-Catherine » et je donne les règlements à une autre collègue. Puis, pour l'adressage et la mise sous pli, j'envoie des factures à des patients qui ont payé leurs frais de séjour. Je note les adresses des Mutuelles et des Caisses d'assurance maladie sur des enveloppes et je les envoie. Je suis contente de faire tout ça.

Je classe aussi des dossiers par ordre alphabétique en regardant jusqu'à la troisième lettre. Pour le classement numérique, je dois regarder les trois derniers chiffres. Pour m'aider dans le classement, Isabelle m'a confectionné une frise avec l'alphabet collé sur mon bureau et un jeu de cartes pour que je m'entraîne au classement numérique. Et puis je note les numéros de fax et les destinataires sur le bordereau d'envoi. Je vais à l'accueil, retire les agrafes pour mettre les feuilles dans le photocopieur et envoie les fax. Je reçois les accusés de réception, les range dans des tiroirs séparés. Je veille à ne pas mélanger les documents.

La mise sous pli, c'est ce que je préfère. J'aime plier les factures en trois pour qu'on voie bien les adresses dans les enveloppes à fenêtre. Et le classement alphabétique, c'est chouette aussi, ça fait travailler ma mémoire.

À midi, j'ai quarante-cinq minutes pour manger. Toujours à la cantine avec mes collègues. J'aime bien partir manger à midi pile. J'aime pas trop attendre Isabelle, et des fois je préfère manger avec n'importe qui, mais à l'heure. L'ambiance est bonne, mais j'étouffe un peu quand il y a du monde, surtout quand les élèves de la Croix-Rouge passent. On y mange bien.

Isabelle surveille un peu ce que je mange. Au début, elle n'osait pas me faire de réflexions. Mon premier jour à la clinique, on était allées toutes ensemble au self pour le repas. Au menu, c'était de la choucroute. Quand Isabelle a vu que je prenais de la mayonnaise, elle m'a avertie : « Attention, c'est pas de la moutarde, c'est de la mayo ! » Je lui ai répondu : « Je sais », et j'en ai tartiné toute ma choucroute. Les filles m'ont demandé si j'avais l'habitude de faire ça. En fait, c'était la première fois. À la maison je n'y ai pas droit, d'ailleurs, il n'y a jamais de mayonnaise. Alors j'en profitais.

Je dois faire gaffe à cause de mon cœur. Normalement, il ne faudrait pas que je dépasse quarante kilos. J'ai un peu de mal à suivre ces conseils. En plus, les employés de la cantine, comme ils m'aiment bien, ils me servent toujours plus. Isabelle leur demande d'arrêter parfois. Elle dit qu'elle « passe pour la méchante ». Je dois limiter les féculents, éviter les fromages (j'adore ça !), ne pas prendre de poids.

Isabelle parfois me pique un dessert quand j'en ai deux, en me disant qu'elle a encore faim. Pour voir ma « drôle de tête ». Après, elle me le rend en m'expliquant que c'est une blague. Moi, ça ne me fait pas trop rire. Quand ça dure trop longtemps, je me fâche un peu. Surtout pour la nourriture. Isabelle dit que je ne comprends pas trop les blagues, que je « prends trop vite la mouche » quand on me fait une réflexion, que je prends « tout au premier degré ».

Une fois, une collègue, Sandrine, me dit : « Merci tiotte. » Alors, je pars énervée et je raconte à Isa que Sandrine est « malhonnête » et qu'elle me traite de « chiottes ». Isabelle m'explique que « tiotte » c'est un mot gentil pour dire « petite ».

Un jour, une autre collègue me dit : « Tu es bornée ! » Alors je vais voir Isa pour me plaindre. C'est toujours à elle que je me confie. Je lui dis que c'est de « la maltraitance ». Elle rigole : « "Bornée", ce n'est pas une injure. » Moi, j'insiste. Alors, Isabelle prend le dictionnaire et lit la définition : « Personne de petit esprit, manquant d'intelligence ». Du coup, on est allées voir ma collègue pour lui dire qu'il faut trouver un autre mot. Têtue comme un âne par exemple. Elle était d'accord.

C'est vrai qu'ils sont têtus les ânes. Je l'ai vu avec les raids de l'association À Petits Pas. Au lieu de marcher, ils n'arrêtent pas de brouter de l'herbe.

Après la cantine, je reprends mon boulot. Je scanne des dossiers, je les envoie par mail à une collègue.

Le lundi, je fais le point sur les dossiers. À l'accueil, je plie des pochettes et les trie par couleur... Et à quatorze heures dix, je termine. Je rentre chez moi. Je n'aimerais pas bosser comme la directrice jusqu'à dix-neuf heures, ou vingt et une heures... Moi, ça me fatigue !

Voilà, c'est mon travail et j'aime vraiment ce que je fais. Mes collègues sont devenues de grandes copines. Je pense à elles tous les jours.

J'ai été élue catherinette à mon travail. C'est une fête de chez nous, une fête de petites Catherine célibataires. Mes collègues m'ont fabriqué le chapeau avec des rubans et des enveloppes et c'est la directrice qui m'a choisie comme catherinette. On m'a offert un bouquet de roses. C'est moi qui ai lancé la fête. J'ai dit : « Et maintenant, que la fête commence ! »

À la clinique, on me considère comme une adulte, une collègue comme une autre. Isabelle prend soin de moi, elle ne me parle jamais sèchement, mais elle est ferme parfois dans le travail et c'est ça que j'aime. Mes collègues me boostent pour que j'aille plus loin. Catherine, elle, est plus dure. Elle m'avait menacée d'avertissement. Ça veut dire que je bosse mal et je veux lui prouver que je suis capable de bien faire. Moi je l'appelle « la tigresse » parce qu'elle sort ses griffes quand elle est en colère. Mais elle me respecte. Elle me vouvoie comme les autres. Elle me parle de professionnelle à professionnelle.

Je veux qu'on me considère comme tout le monde. Mais des fois je fatigue un peu et je suis trop lente. Comme pour écrire, c'est pas vraiment mon fort ! Il me faut du temps. Isabelle me rassure : je fais moins de fautes que la plupart des stagiaires qui sortent de terminale. J'ai parfois un peu de mal aussi à répondre au téléphone sans bégayer, à rechercher dans l'annuaire les codes postaux et les écrire sur les factures.

Au début, les regards des gens qui attendent dans le grand hall d'entrée me dérangeaient. Quand je vais à « la Radio », je croise aussi des gens qui me fixent un peu de travers. Avant, ça me blessait. Maintenant, je les ignore, je m'en fous.

À mon boulot, parfois, on m'appelle la « croqueuse d'hommes ». Oui, je suis un peu comme ça. Il y a un stagiaire qui me plaît beaucoup. J'ai confié à mes collègues que j'avais un petit faible pour lui. Il est assistant au service comptabilité. Il s'appelle Adrien. Il est cool, posé. Il prend du temps pour moi. Chaque fois que je le vois, c'est un plaisir. Mais je ne dis rien par respect pour sa petite copine.

L'autre jour, en attendant le bus, je rencontre un garçon. Il s'appelle Sébastien. C'est lui qui m'aborde. Il me dit qu'il veut sortir avec moi. Direct. Alors je lui dis : « Oui ». On est allés boire un coup ensemble. J'ai eu une petite histoire avec lui. Je l'invite chez moi et comme mes parents ne sont pas là, il revient. Ma mère le trouve très grand. Il fait plus d'un mètre quatre-vingts.

Je décide de le présenter à la clinique. J'arrive un matin, main dans la main avec Sébastien. Je me tiens contre lui, tout le temps. Mes collègues sont gênées et elles font une drôle de tête. Elles me disent : « Mais Éléonore, avec qui tu sors ? » Elles se posent des questions. Il a un handicap mental. Les autres nous regardent de coin et lui n'aime pas ça. Alors, j'ai arrêté à cause des autres, pour continuer mon chemin.

J'ai du plaisir à aller tous les jours à mon boulot. Je me suis battue pour avoir ce travail. Je suis fière d'y être arrivée et surtout de gagner ma vie. Enfin ! Maintenant, je me sens comme les autres. Je gagne cinq cent quatre-vingts euros pour vingt heures et avec mon allocation adulte handicapé, ça me fait presque mille cent euros. Je suis indépendante. Et je sais qu'un jour j'aurai mon appartement.

# 15. Les amis d'Éléonore

Trois mois après le concert de Dan Black de novembre 2009, à Tourcoing, je reçois un cadeau de mon voisin Patrick : un canari pour mon futur appartement. Moi, je l'appelle « mon cadeau empoisonné », et c'est comme ça que toute la famille le surnomme aussi maintenant. En vrai, il s'appelle Baptiste. Mon père a dû lui acheter une cage et je crois qu'il a un peu regretté ce cadeau, mais c'était trop tard. On a posé Baptiste sur le passe-plat, entre la cuisine et la salle à manger et ça a failli être le quatre-heures de Johnny. La cage s'est tout de suite retrouvée par terre : Johnny est dingue de lui. Alors mon père a accroché la cage de Baptiste plus haut, sur une étagère. Et c'est comme ça que j'ai retrouvé le pauvre Johnny suspendu à la cage, les griffes coincées. Johnny, c'est notre chat, il a 17 ans, c'est très vieux pour un chat. Il sait sortir ses griffes, mais à cause de son âge, il a du mal à les rentrer parfois. Baptiste, lui, crie toute la journée et ça mon père ne le savait pas non plus quand on a accepté le cadeau. Un canari, c'est pas comme un poisson rouge.

Le mois suivant, le collectif les Amis d'Éléonore est créé. Le 25 mars 2010 exactement. C'est là que la presse commence vraiment à s'intéresser à nous. On est en plein débat sur la révision de la loi bioéthique. On parle de la trisomie comme d'une maladie à éradiquer dans le DPI (diagnostic préimplantatoire). Une stigmatisation de plus contre ma maladie. Et nous, on commence à en avoir marre d'être toujours plus stigmatisés. Au lieu de proposer des aides pour la recherche, l'accompagnement, on propose juste des dépistages et de nous éliminer.

Avec mon père, on organise une conférence de presse pour le lancement du collectif. Je serai le porte-parole. On est soixante-cinq mille personnes atteintes de la trisomie 21 en France et personne ne nous entend. C'est la première fois que je prends la parole en public, mais à côté de mon père, je n'ai plus peur. Il m'a expliqué ce qu'est cette stigmatisation et m'a demandé de parler simplement de moi, de ce que je ressens en tant que personne atteinte de trisomie 21. Pour ça, il me fait confiance. Et je sais qu'il est toujours fier de moi.

La salle est déjà pleine. Il y a même des gens assis sur les tables du fond. Mon père a réservé la pièce du premier étage de l'hôtel-restaurant Le Carnot, en face de la gare d'Arras. Je m'installe à côté de lui et de Jean-Paul Wickart, le père d'Élise, avec qui j'étais au collège et qui est une copine à moi. Jean-Paul est trésorier de la nouvelle association et vice-président de Down Up. Pour la conférence de presse, je me suis faite belle. J'ai mis ma tunique rouge avec un châle marron et un haut à grand col blanc. Mon père aussi est beau avec sa chemise rouge. On est assortis. C'est nous trois qui allons animer la conférence de presse.

Ma mère, au premier rang, m'adresse un petit signe. Élise est assise juste devant moi, toute sage et intimidée. Je pense qu'elle se sent un peu perdue avec le monde. J'aperçois aussi Stéphanie plus loin derrière, Lise-Marie De Reu, et quelques amis à mes parents. Mais je reste superconcentrée. C'est un jour important. Je sais que tout ça, c'est aussi pour moi que mon père le fait. Et puis j'ai envie de parler, de dire des choses. Des journalistes se sont déplacés, de *La Voix du Nord*, de *L'Avenir de l'Artois*, de *Nord Éclair*, des photographes… Faut pas que je dise de bêtises.

Mon père commence. Il nous présente, Jean-Paul et moi. Il parle de la révision de la loi de bioéthique et des avancées de la recherche sur la trisomie 21. Il dit qu'on est « des personnes à part entière qu'on ne peut exclure, ni stigmatiser », qu'« on peut espérer aujourd'hui guérir de la trisomie 21 » et puis qu'on est une « nouvelle génération » de personnes avec une trisomie, qui a eu « un parcours en milieu ordinaire », « qui travaille, qui cotise, paye des impôts ». Puis mon père projette une vidéo de moi à mon travail. Il m'a filmée à la clinique Sainte-Catherine, avant le déménagement de mon service. On voit ma collègue Isabelle. Elle dit qu'elle n'avait jamais vraiment fréquenté de personnes trisomiques avant de me connaître et qu'au début elle se demandait ce qu'on allait « bien pouvoir me donner à faire au service facturation ». Puis que j'ai été « un coup de cœur » pour elle, que je suis « plus qu'utile » au service, que je fais « partie de la facturation », que je suis « une collègue à part entière, autonome » dans mon travail et que je « manque à tout le monde » quand je ne suis pas là. Franchement, ça me fait encore plaisir d'entendre ça, même si j'avais déjà vu la vidéo sur l'ordinateur de mon père.

J'apparais aussi dans le film. C'est moi qui termine. Je dis des mots pour encourager et je parle de Robin, mon amoureux : « Pour la trisomie, il faut se battre. On voit les trisomiques comme des phénomènes. Les trisomiques font rire beaucoup de gens, mais ceux qui se moquent de moi ou de Robin, on les ignore. Point. C'est comme ça que je ressens en tant que triso. Ceux qui se moquent de Robin… il faut que Robin se dise :

“J’ai plus de chromosomes qu’eux !” » Et là, toute la salle rigole, même Élise, devant.

Mon père reprend le micro. Il dit que mon témoignage est « très spontané » et « riche » et qu’il veut que beaucoup me rejoignent dans le collectif. Puis il rappelle encore que ma maladie est stigmatisée et qu’il y a aujourd’hui un « réel danger » avec la « détection systématique de la trisomie 21 ». La trisomie 21 ne doit pas devenir « la première maladie stigmatisée dans tous les cas de grossesse ».

Puis il s’énerve un peu, mais je lui donne raison. Il parle d’une famille française qui veut travailler au Canada et qui est refusée parce qu’elle a un enfant trisomique, puis d’un groupe anti-trisomiques sur Facebook et de tous ceux qui veulent nous enfermer, nous cacher ou nous mettre dans des établissements spécialisés et qui se plaignent après qu’on coûte trop cher. C’est pour dénoncer tout ça qu’on lance le collectif et qu’on espère rassembler beaucoup d’amis.

Mon père lit ensuite l’appel du collectif les Amis d’Éléonore :

« Nous, parents et amis d’Éléonore, atteinte de trisomie 21,

Nous demandons la reconnaissance de la dignité de toutes les personnes atteintes de trisomie 21 et le respect de leurs droits.

Nous refusons que nos enfants et nos proches atteints de trisomie 21 fassent l'objet de discrimination ou que leur maladie soit stigmatisée.

La proposition du Conseil consultatif national d'éthique, reprise par le rapporteur de la mission parlementaire, Jean Leonetti, d'élargir la détection de la trisomie 21 dans le cadre du DPI nous a consternés. Des alternatives existent : l'accueil de ces personnes, l'information sur leur maladie et aussi la recherche sur des traitements qui peuvent améliorer leur vie quotidienne.

Nous refusons la double peine dont sont victimes nos enfants : la stigmatisation de la maladie et l'absence d'aide publique pour la recherche.

Nos enfants ont droit au bonheur !

Aujourd'hui, 25 mars 2010, nous lançons un appel solennel :

À tous ceux qui disent oui à la recherche plutôt qu'à la discrimination ou la stigmatisation :

Rejoignez le collectif les Amis d'Éléonore et écrivez personnellement

à Monsieur le député Jean Leonetti,

aux députés et aux sénateurs,

au président de la République, Monsieur Sarkozy,

au premier ministre, Monsieur François Fillon,

au ministre de la Santé et au ministre de la Recherche,

pour demander avec nous :

1- de financer la recherche d'un traitement de la trisomie 21,

2- de ne pas inscrire la détection de la trisomie 21, lors d'un DPI, dans le projet de loi relative aux révisions des lois de bioéthique.

Comme les citoyens des états généraux de la bioéthique, "nous rappelons que la solution au handicap passe exclusivement par la recherche sur les maladies et non par l'élimination". »

Tout le monde applaudit. Des personnes posent des questions. Une femme, très émue, déclare qu'elle veut nous aider. On dirait qu'elle pleure. Le père d'Élise parle de la recherche. Mon père explique que je veux qu'on fasse un « Trisothon » parce qu'on n'évoque jamais la trisomie au Téléthon. Il dit que je lui ai même demandé d'aller à Fort Boyard pour recueillir de l'argent, mais qu'il n'est « pas assez sportif pour ça ». Ça fait rire les gens. Mais j'ai pensé que, comme il n'est pas très sportif, il peut participer à *Qui veut gagner des millions ?*

Après, mon père a dit qu'« un rayon de soleil » comme moi, « ça fait du bien dans ce monde d'abrutis ». Manu, quand on lui parle de la stigmatisation, il se lâche un peu. Il trouve qu'on ne nous voit pas assez dans la presse, à la télévision… Il ajoute que moi aussi je voudrais bien jouer dans *Plus belle la vie*. C'est une série que j'adore. Je la suis tous les jours à vingt heures quinze.

Une fois, ma directrice m'a demandé si j'aimerais sortir avec l'acteur Pascal Duquenne qui joue dans *Huitième jour* et si j'aimerais faire du cinéma. Pour Pascal Duquenne, j'ai répondu « pourquoi pas », mais pour le cinéma, franchement, y'a pas de doute, j'aimerais prendre la place de Luna dans *Plus belle la vie*. Quand je dois rater un épisode, c'est ma mère qui l'enregistre. Et quand elle part trois semaines en Australie ou en Nouvelle-Zélande avec sa classe, comme presque tous les ans, c'est moi qui lui raconte. Je lui résume par mail : « Nathan a quitté son père. Il squatte l'appartement de Ninon avec une copine qui fait les poubelles. Le père de Gaspard est mort d'une crise cardiaque. On a récupéré ses cendres », etc.

Mon père continue : «… Et c'est ma voisine qui pourrait le mieux parler du délit de sale gueule ! » Ça veut dire que c'est à moi de parler, c'est moi *la voisine*. Je prends le micro. Je suis émue et j'ai un peu la voix qui tremble. Je veux raconter tout ce que j'ai sur le cœur, les choses dures qu'on subit, tout ce qu'on dit de mal sur nous, « ce n'est pas bien, ce n'est pas juste. En tant que trisomique, je tiens à le dire, c'est dur. Je fais tout pour me battre ». J'explique ce que c'est que d'avoir un enfant atteint de la trisomie, ce que je ressens moi aussi… Je dis tout ce qui compte pour moi, l'amour de mes amis, de ma famille, de mes parents… et puis je me mets à pleurer. Je suis trop émue.

Mon père me prend le micro, mais je le lui reprends pour continuer. Je remercie tous ceux qui sont venus et puis je félicite Jean-Paul et Manu et dis que ce collectif « c'est une superbonne idée ». « Au fond de mes tripes, je sais que ça fait mal, mais je suis moi-même. Ma mère s'est battue à fond avec papa. Il faut garder espoir et je veux dire à papa pour Fort Boyard… » et là tout le monde rigole encore. « En tant que triso, on peut tout changer. On peut faire un Téléthon spécial trisomique… » Je voulais insister là-dessus parce que c'est mon rêve.

À la fin de la conférence, tout le monde vient me complimenter. Mes parents qui trouvent que j'ai bien géré mes émotions, Amandine, Lise-Marie De Reu, des amis… Quelques jours après, sur le site Les Amis d'Éléonore, mille cinq cents personnes et une trentaine d'associations signent notre appel. On reçoit aussi beaucoup de messages de soutien, de félicitations. Des amis, des inconnus, même une collègue à ma mère qui a discuté avec Élise, au premier rang, pendant la conférence de presse.

Toute la presse régionale parle de nous : « Un chromosome en plus et pas moins épanouie » (*Nord Éclair*), « Les Amis d'Éléonore vont se battre » (*L'Avenir de l'Artois*), « Éléonore, 24 ans, est atteinte de trisomie 21… Et alors ? » (*La Voix du Nord*)… Reste à convaincre la presse nationale.

Depuis la création du collectif les Amis d'Éléonore, les regards ont changé. Des personnes m'arrêtent dans la rue. Elles me reconnaissent parce qu'elles m'ont vue à la télévision ou dans la presse. Elles me félicitent. Dans la rue ou dans le bus.

Mon rôle en tant que porte-parole de l'association m'a aidée à aller de l'avant. Aujourd'hui, je veux convaincre les mamans et les médecins. Je leur explique que l'on peut vivre avec la trisomie 21, mais qu'il faut trouver un traitement pour guérir cette maladie. Avant, j'étais plus timide. Je le suis beaucoup moins maintenant. Ça m'a vraiment aidée quand mon père m'a nommée porte-parole de l'association. J'ai appris à parler en public. Je me déplace aussi pour la journée mondiale sur la trisomie 21, j'apprends à gérer mes émotions avec l'aide de mes parents.

Je suis très émotive. Lorsque je vois mon frère ou un autre membre de ma famille, par exemple. On peut être émotif, mais il ne faut pas l'être trop longtemps. Alors dans ma tête, je me dis : « Stop ! » et je redeviens comme avant, avec le sourire.

# 16. Quand on me parle « Gaga »

Je parle toute seule. C'est pour ça que je me sens différente. Je fais des efforts pour me contrôler chez moi, le soir. Mais ce n'est pas facile. Et puis j'aime bien parler seule. Mes parents m'ont demandé d'éviter avec les autres. À mon premier stage de quinze jours, alors que j'étais au lycée, ça choquait mes collègues de travail. Ils me l'avaient dit.

Quand j'étais petite, je parlais à une personne imaginaire, dans le coin d'une pièce. Le médecin de l'hôpital Necker avait expliqué que ce n'était pas très bon. Ma mère me disait de lui parler à elle plutôt qu'à un individu qui n'existe pas. Je pense que ça fait partie de ma trisomie. Ça m'arrive encore de parler seule, mais discrètement et jamais dans la rue. Je trouve ça bizarre les gens qui parlent très fort et tout seuls dehors. J'ai remarqué un monsieur comme ça.

Et puis j'ai mes mimiques aussi… Je chasse les mouches. Je secoue mes mains, comme ça, pour montrer que je suis contente. Parfois aussi quand il y a un truc qui me gêne. Et quand je suis heureuse ou excitée par quelque chose, je me frotte les mains très vite. J'évite de faire ces gestes devant des personnes.

Ma mère me trouve trop excessive dans mes réactions.

Je sais que je suis différente mais je ne supporte pas qu'on m'infantilise.

Les journalistes me disent souvent : « Et ton papa… ta maman… » Moi, je veux qu'on me parle comme à une adulte, qu'on me dise : « Ton père, ta mère… » Je ne suis pas une gamine. J'aimerais être considérée comme une adulte. Même si j'ai l'air plus jeune. Parfois, je montre des articles de presse à mon père et il s'exclame : « Ma fille, elle a raison ! » Ça agace ma mère aussi quand les gens me parlent « gaga ». Ça l'énerve vraiment et je la comprends. Une de ses collègues m'a dit : « Viens t'asseoir sur mes genoux Éléonore ! ». Ça l'a exaspérée qu'on me parle comme si j'avais 5 ans.

Les caissières de Leclerc, elles, me connaissent, elles me respectent. Chez ma grand-mère maternelle que j'appelle *mémé*, j'étais chouchoutée. Maintenant elle est morte. J'ai une photo d'elle dans ma chambre et chaque fois que je la regarde, je l'entends : « Ah ma petite fille que j'aime ! » C'est comme ça qu'elle me parlait. Elle était affectueuse, mais en même temps elle me boostait. Elle me faisait un grand bol de chocolat chaud avec de grands casse-croûte. Qu'est-ce qu'il était bon !... Je lui disais « Merci, mémé ! » et elle me répondait : « De rien ma petite fille que j'aime. » Chaque fois que j'allais chez elle, je regardais avec elle l'émission de cuisine de Robuchon, puis *C'est mon choix* avec Évelyne Thomas et puis mes séries... Elle ne m'infantilisait pas non plus. Jamais. Elle me parlait comme à n'importe qui. Pas comme ma grand-mère paternelle qui est juste affectueuse. Moi j'aime qu'on me pousse à faire des choses intéressantes, mais elle, elle me parle comme à une gamine. Mais elle parle comme ça aussi à mon père... Elle dit des trucs comme : « Mon fils quand il était jeune, il était beau. Mon fils ceci, mon fils cela... » Ça me gêne.

Mes grands-parents paternels sont très croyants. Ils vont à la messe tous les dimanches, le midi, à minuit... Ils vont à Lourdes aussi. Ils disent que là-bas ils prient pour moi, je ne sais pas pourquoi. Moi, j'ai été baptisée pour leur faire plaisir, mais après, je me suis arrêtée. Je n'ai pas fait ma communion. Dieu, Jésus, tout ça... C'est pas ma came, je m'en fous un peu. Je n'y crois pas. Je trouve que c'est une perte de temps. Ma mère est athée. Et encore plus depuis la mort de Valentin. Faut pas l'emmerder avec la religion ! Elle a été baptisée et a même fait sa communion. Mais à 14 ans, elle a décidé de ne plus mettre les pieds à l'église. De toute façon, elle n'écoutait pas le curé, elle y allait avec ses livres de classe, ses livres d'anglais. C'est comme ça qu'elle est devenue prof d'anglais. Ses parents ont laissé tomber. Ma mère dit qu'on peut être une bonne personne sans avoir de religion. Et ma mère est une bonne personne. Mon père est comme elle, mais il est plus calme avec tout ça. Je crois que c'est pour ça qu'elle me parlait « gaga » ma grand-mère paternelle. À cause de Dieu.

Les gens m'aiment bien. Ils me disent que je suis gentille, affectueuse, souriante… et ça, ça me touche. Il n'y a que les gens qui ne me connaissent pas qui me parlent « gaga ».

## 17. Un collectif qui fait parler de lui

Après la création du collectif, tout s'accélère. Le 30 avril, on part avec mon père à Rennes. Et on n'a vraiment pas le temps de visiter la ville. On doit tout de suite préparer la conférence de presse, les tables, les chaises, le projecteur… Après Arras, on commence à avoir un peu l'habitude. La présentation, les questions, les journalistes…

Le 7 mai, on descend à Marseille. Mon père me demande si je suis prête à parler à nouveau. Je réfléchis à ce que je vais dire. Et là encore, tout se passe bien. Le public est sympa. Mais cette fois on a un peu plus de temps et le lendemain, je demande à visiter les studios de *Plus belle la vie*.

Je fais marcher mon père dans toute la ville, je trouve ça très drôle. En plus, il traîne nos valises.

« Tu veux vraiment voir les studios de *Plus belle la vie* ma chérie ? » Il arrêtait pas de me demander ça parce qu'il en avait marre qu'on tourne en rond. On ne trouvait pas les studios de la Belle de mai. Moi je m'en fous, j'adore marcher. « Bien sûr papa que j'en ai envie ! » On a marché, on a marché… Et quand on a trouvé les studios, on a vu des barrières partout. On ne pouvait pas rentrer. On a juste aperçu la vitrine du Bar du Mistral.

Dans la journée, sur France Info, Marie Christine Lauriol, correspondante à Marseille parle de nous : « Les Amis d'Éléonore ont fait étape hier à Marseille […]. Ce collectif créé le 25 mars dernier par des parents et des proches de personnes atteintes de trisomie 21 a entamé un tour de France pour demander à l'État de financer la recherche sur cette maladie […]. Aujourd'hui, la seule proposition faite aux parents c'est le dépistage et le diagnostic […]. À la veille de la présentation du projet de révision des lois de bioéthique par le ministre de la Santé, le législateur envisage même de créer une liste pour le diagnostic préimplantatoire où la trisomie 21 serait la seule à figurer. Si cette loi était retenue, la trisomie 21 deviendrait ainsi la première maladie stigmatisée… » Et puis la chaîne parle de l'accueil des personnes atteintes de trisomie 21, de l'information sur la maladie, de la recherche de traitements…

Le 20 mai, on est à Paris. Élise et son père, Jean-Paul, nous rejoignent. On est suivis toute la journée par un journaliste du *Pèlerin* et un photographe. Direction le ministère de la Santé. On doit rencontrer la ministre Roselyne Bachelot. En fait, c'est un de ses conseillers qui nous reçoit, Alain Graf, rapporteur des états généraux de la bioéthique. Il m'impressionne, parce qu'il est immense et hypersérieux. Il écoute et prend des notes quand on parle du collectif. Manu, lui, est déçu de ne pas voir la ministre. M. Graf dit que Roselyne Bachelot ne veut pas inscrire la trisomie sur la liste des maladies à éradiquer et c'est ce que nous voulons. Mais quand on sort, on ne sait pas trop quoi penser. Mon père dit : « On verra. »On a un peu de temps pour faire un tour au Trocadéro, voir la tour Eiffel et puis discuter au restaurant de ce qu'on va dire. Puis on se rend à l'hôtel de la Bourdonnais pour la conférence de presse. Je suis heureuse parce que parmi le public, je retrouve ma marraine qui n'habite pas loin, à Neuilly, et qui est venue pour me voir.

Mais la journée n'est pas terminée. On va voir Jean-Paul Delevoye, le médiateur de la République. Il est hypergrand, comme son bureau. Tout est ordonné chez lui, carré, avec des pots à crayons, un agenda et aussi des gardes du corps. Jean-Paul Delevoye connaît bien mon père depuis qu'il est tout petit et même mes grands-parents paternels. Il est maire de Bapaume. C'est à une dizaine de kilomètres de Moyenneville où Manu est né.

Élise est encore plus timide que d'habitude et moi je me trouve toute petite à côté de Jean-Paul. Je lui dis que je suis au niveau de son épaule. Il me répond que ce n'est pas grave et il se baisse pour m'embrasser. Je l'apprécie beaucoup. C'est comme un ami.

Le même jour, la chaîne Public Sénat diffuse un reportage sur moi. Mon père y raconte notre rencontre du matin avec Alain Graf. La sénatrice Bernadette Dupont est invitée sur le plateau. Elle a une fille trisomique. Puis passe un autre reportage, celui du 12:45 présenté par Aïda Touihri sur M6, tourné deux jours plus tôt à Arras. On me voit à la maison, dans le bus, au boulot... ma vie racontée en moins de trois minutes : « Elle s'appelle Éléonore, et à en croire le médecin qui l'a fait naître, elle était une aberration chromosomique, en clair une trisomique. Vingt-quatre ans plus tard, l' "aberration" est une femme épanouie. Aujourd'hui, elle travaille comme les autres et son défi désormais, c'est de se battre au nom des trisomiques. Elle a été reçue ce matin par la ministre de la Santé... » J'ai un sacré look dans le film, j'avais mis mes leggings rayés sous une jupe courte écossaise. Très rock !

La presse aussi parle de nous : *La Croix, France Soir, La Vie, Le Parisien*... « Éléonore s'en va-t-en guerre »,

« Éléonore, trisomique, ne veut pas du dépistage de sa maladie », « Une jeune trisomique fait entendre sa voix dans le débat bioéthique », « Éléonore ou le droit au bonheur », etc.

Le 22 mai, on a la visite d'un conseiller du premier ministre François Fillon. David Gruson est conseiller pour toutes les questions sur la santé. Il est originaire d'Arras. Il vient discuter avec mes parents à la maison avant de rejoindre sa famille.

Le 27 mai, c'est le colloque de France Télévision sur l'insertion des personnes handicapées dans le travail. Le matin, *Arras Actualités* nous prend en photo devant le TGV, quelques heures avant le colloque où mon père doit intervenir. Cette fois, je resterai dans le public. Je verrai ma photo le lendemain dans un article : « Pour que toutes les Éléonore aient droit de cité ». Le journaliste rappelle que l'annonce aux parents de la trisomie 21 « donne lieu à 92 % à une élimination systématique du fœtus ».

Le 24 juin, c'est le reportage de France 3 Nord Pas-de-Calais. « Faut-il rendre systématique le dépistage de la trisomie 21 ? » Là, on me voit avec ma collègue Isa et mes parents. Mon père explique qu'on peut vivre avec une personne trisomique et être heureux avec elle. Ma mère était très émue dans le reportage et j'avais envie de la soutenir lorsqu'elle a parlé de ma naissance en regardant mes photos. Catherine Genisson intervient sur la chaîne après le reportage. Elle fait partie de la mission parlementaire qui a travaillé sur la loi de bioéthique. J'aime beaucoup cette femme. Elle est sympa, pas très grande comme moi, et elle nous soutient.

Le 7 juillet, avec Manu et Jean-Paul Wickart, on rencontre Jean Leonetti, à son bureau à l'Assemblée nationale. C'est moi qui le remercie de nous recevoir. Et mon père présente les raisons de la création du collectif les Amis d'Éléonore, parle de la stigmatisation, du besoin de financement pour la recherche, des actions du collectif. Jean Leonetti dit qu'il n'y aura pas de liste de maladies pour le DPI mais il veut que les parents soient informés sur le dépistage. Il a peur que les parents fassent des procès après. Il me dédicace un livre : *Quand la science transformera l'humain.* Il écrit : « Pour Éléonore qui sait que… quand la science transformera l'humain… il faudra préserver la fragilité de l'humain. Bien amicalement. »

Deux jours plus tard, on reçoit une réponse de la ministre Roselyne Bachelot, datée du 7 juillet. C'est le député Jean-Pierre Kucheida qui nous la transmet. Elle écrit : « Il a été indiqué au collectif les Amis d'Éléonore que je veillerai particulièrement, lors du réexamen de la loi de bioéthique, au maintien des dispositions actuelles qui réservent l'indication du diagnostic préimplantatoire aux maladies incurables et d'une particulière gravité dont ne fait pas partie la trisomie 21. »Le 15 décembre 2010, Thierry Berthou, le photographe, me suit toute la journée pour préparer le livre *Supplément d'âme*. Un livre de quatorze portraits : des personnes avec une trisomie et puis quelques autres, comme l'écrivain Jean-Louis Fournier ou l'avocat Vincent Potié qui s'est battu aux côtés de mes parents pour que je reste à l'école. Stéphanie et Robin seront dans le bouquin aussi. Thierry me photographie chez moi, avec ma guitare électrique, devant mon miroir, puis il m'accompagne au boulot.

Durant le trajet de bus, un type s'énerve et dit : « Arrêtez de me prendre en photo ! » Alors, Thierry dit ce qu'il fait, explique que c'est moi qui l'intéresse. Le monsieur se calme.

L'après-midi, on intervient et on débat à Paris avec des députés et la philosophe Danielle Moyse à l'Assemblée nationale. Il me suit encore. En attendant dans un café devant l'Assemblée,



17. Un collectif qui fait parler de lui

j'aperçois David Douillet. Je vais le voir pour parler judo et Thierry me prend en photo avec lui.

Maintenant qu'il y a le collectif, j'ai un peu moins le temps d'aller au concert. Mais je ne voulais pas rater la tournée *Escape to Plastic Beach* de Gorillaz. J'ai pu aller les voir le 25 novembre, à la Lotto Arena, à Anvers, avec ma mère et Mathurin.

J'adore ce troisième album, *Plastic Beach*. Toute la clique à Damon Albarn est là : Bobby Womack, Neneh Cherry, Simon Tong, Mick Jones et Paul Simonon des Clash… On était en hauteur, on voyait toute la scène et les huit mille personnes autour. C'était géant !

Je suis épatée par la chanson d'ouverture, puis Snoop Dogg sur écran géant, le clip *Stylo* avec Bruce Willis, *Cloud of Unknowing* de Bobby Womack et sa voix impressionnante. Et Bashy et Kano étaient trop forts dans *Clint Eastwood* et tous ces dessins animés de Jamie Hewlett… Pour moi, c'est le concert de l'année.

# 18. L'îlot Bon Secours

La clinique Sainte-Catherine a déménagé à l'hôpital Arras Les Bonnettes. C'est le deuxième déménagement de mon boulot depuis la clinique Bon Secours.

Manu pense qu'il faut transformer la clinique Bon Secours. Il rêve d'une « résidence intergénérationnelle ». J'ai noté le mot dans un de mes répertoires. Ça veut dire qu'on mélange tous les âges. Mon père parle souvent de ça quand il explique son projet.

Mais pour l'instant, c'est un vrai chantier ! Tout est blanc et vide. C'est un peu triste. Il travaille avec le bailleur social Pas-de-Calais Habitat où j'ai fait mon stage. Il me raconte qu'ils gardent un bon souvenir de moi là-bas, surtout Martine, ma tutrice de stage. Il prépare la résidence avec Down Up et une association de personnes âgées. Ça fait trois ans qu'il travaille dessus, depuis qu'il a appris que la clinique était à vendre. La résidence s'appellera « l'îlot Bon Secours ».

Il y a plus de dix ans, mon père et Pas-de-Calais Habitat voulaient créer une fabrique artistique pour des personnes avec une déficience intellectuelle. Leroy Merlin avait accepté d'être leur partenaire. Mais comme les associations qui travaillent sur le handicap n'étaient pas d'accord, il a arrêté. Maintenant, avec Bon Secours, ça va marcher.

La clinique a été refaite et le bailleur a conservé la chapelle et ouvert une crèche d'entreprise pour trente enfants. Manu a revu les plans et avec d'autres architectes, ils ont changé quelques trucs. Au début, ils ne s'étaient pas rendu compte qu'on était si petits avec les autres personnes atteintes de trisomie 21. Alors, ils ont dû changer la hauteur des interphones. Sur les portes, ils ont ajouté un deuxième judas, plus bas, parce que je ne pouvais rien voir. Mon père voulait aussi des douches à l'italienne, au ras du sol, et des cuisines ouvertes avec des fours pratiques : les portes coulissent en dessous pour qu'on ne se brûle pas et des plaques à induction, plutôt que le gaz qu'il trouvait trop dangereux. Il voulait aussi que les fauteuils roulants puissent passer partout et puis des espaces collectifs, pour que les gens se rencontrent, un jardin suspendu...L'îlot Bon Secours, c'est grand. J'y vais de temps en temps avec mon père pour voir comment les travaux avancent. C'est tout blanc et il n'y a encore aucun meuble, aucun décor.

Il y a soixante-quinze appartements. Dix sont prévus pour les personnes atteintes de trisomie. Mes parents m'ont annoncé que c'est là que j'habiterai. Je ne sais pas quand, mais je suis contente. Quand mon frère a eu un appartement, j'ai pensé : « Alors pourquoi pas moi ? » Je n'aurai plus mes parents dans les jambes, comme j'ai dit à la télé. Je vais être enfin indépendante. J'ai rêvé de mon appart, de ma chambre, de mon bureau... avec des couleurs vives partout.

Je vais avoir un appart, mais mon frère, lui, va vendre la maison qu'il avait achetée avec Maïté il y a deux ans. Ça ne se passe pas très bien entre eux. Ils se sont séparés. Maïté a rencontré une fille. Je crois que Mat ne sait pas trop penser et espère encore qu'elle va revenir.

# 19. C'est quoi l'amour ?

J'ai rompu avec Robin parce qu'il n'avait pas de travail. Et puis, il y avait une autre chose qui m'énervait à force, c'est sa mère qui le protège trop. Il était toujours dans ses jupes ! Moi je ne suis pas comme ça. Avec Robin on reste copains. C'est comme un frère pour moi. Mais je suis retournée vers Benjamin.

Benjamin, je l'ai connu au lycée quand j'avais 20 ans. Il a 24 ans. Lui, il n'est pas triso, mais il a une déficience intellectuelle. C'est une histoire… un peu compliquée. Il a de sérieux problèmes avec son père. Chaque fois que je le vois dans le bus, ça fait des histoires. Il répète à Benjamin d'arrêter de me fréquenter. Il a perdu sa femme, son boulot, alors il s'en prend à son fils. Il dit qu'il ne faut pas que « cette fille-là » sorte avec son fils, parce que j'ai la trisomie 21. Ça ne lui plaît pas du tout.

Début février 2011, TF1 vient me filmer pour l'émission *C'est quoi l'amour ?* Ils sont venus à trois à Arras pour le reportage. Il y a Lucienne la journaliste, Adrien le cadreur et Denis le preneur de son. Ils se sont installés dans le centre, à l'hôtel Ibis, et ils vont rester trois jours pour moi, pour me suivre partout.

Avec Benjamin, ils me filment dans les rues d'Arras. On fait du lèche-vitrine pour la Saint-Valentin, tous les deux, en amoureux. On veut se faire des petits cadeaux. J'entre à *La Carterie* pour lui acheter une carte de la Saint-Valentin avec des chats rigolos. On se dit des mots d'amour.

Au début, le père de Benjamin accepte que son fils soit interviewé, mais il n'a pas compris que c'était filmé. Alors, après, il refuse qu'on voie son fils à la télé, surtout avec moi. Il parle fort avec Lucienne au téléphone et puis aussi avec mon père. TF1 propose de flouter Benjamin, mais le père ne veut même pas voir son fils en flou ! Il menace Manu, il veut porter plainte. J'interviens : « Papa, on arrête ça tout de suite, parce que ça crée des problèmes et ça va retomber sur Benjamin. » Alors, on a supprimé Benjamin du film.

J'étais vraiment triste et Benjamin aussi. Par contre, mon frère accepte d'être filmé, et ça, ça me fait très plaisir. C'est la première fois. C'était pour le repas de midi à la maison. On est en train de manger des andouillettes et Mat explique pourquoi nos parents ont passé plus de temps avec moi quand on était petits.

J'adore l'andouillette. On l'achète chez Becquart et quand je vais chez lui, il me donne toujours une rondelle de saucisson à l'ail, parce qu'il m'aime bien. Ma mère me dit qu'à elle, il ne lui donne rien. En plus, il fait des crépinettes et des tripes… J'adore ça ! À Arras, il y a aussi la fête de l'andouillette sur la Grand'Place. C'est tous les 25 août, la veille de mon anniversaire. On n'y va pas, mais à tous mes anniversaires, on mange de l'andouillette.

Après le repas, j'ai montré ma chambre à l'équipe de TF1, avec mes photos et mes posters de The Servant, et puis mes carnets et mon dictionnaire, le gros Robert Collège. On me filme encore le lendemain : le matin pour le petit déjeuner, à la maison, dans la salle de bains lorsque je me coiffe, puis dans le bus.

Il y a souvent des gens qui me regardent de travers dans le bus. « Ça me blesse, ça me fait comme des coups de couteau. » C'est ça que je dis dans le reportage. Et puis on va à mon boulot. À la direction de la Générale de Santé, ils commencent à en avoir un peu assez des journalistes. Ils ont déjà vu France 3,

M6, *La Voix du Nord*… Ils disent que ça perturbe un peu le service, mais ils acceptent encore.

À la maison, TF1 me filme en train de regarder les albums photo avec mes parents. Ma mère parle de ma naissance. Elle est très émue et l'équipe de télévision aussi. Elle confie que si elle avait su que j'étais trisomique, peut-être qu'elle aurait avorté, si les médecins lui avaient dit que c'était mieux, mais qu'elle est contente de ne pas l'avoir su. Je lui dis que « je me suis battue pour vivre ». « À partir du moment où tu es née, tu as commencé à te battre pour vivre » a répété maman.

Aujourd'hui, c'est encore pire. Les mamans sont obligées de savoir. Ça doit être dur pour elles de faire un choix. Mon père dit que c'est triste un monde qui choisit les enfants à naître. Sur mon Mac, j'ai plein de vidéos de mères qui racontent comment s'est passée la naissance de leur enfant atteint de trisomie. C'est Manu qui les a filmées pour Down Up. Elles se sentent abandonnées et perdues. Parfois, on ne leur explique rien ou on leur demande : « Qu'est-ce que vous voulez en faire ? »

Avec l'équipe de TF1, on va chez DanjouBoda et je choisis les couleurs de ma cuisine : du vert et du rouge. Des couleurs pétantes comme j'aime. Puis on va voir les travaux de l'îlot Bon Secours. Je visite l'appartement où je vais habiter. C'est là où je réalise vraiment que c'est chez moi. C'est splendide ! J'aurai quarante-huit mètres carré. C'est génial, mais il y a encore du boulot ! Mon père me demande si je veux un lit simple ou double. Moi je lui dis : « Double, au cas où mon chéri passe. »

Mes parents sont émus de me laisser bientôt toute seule, alors je leur dis pour les rassurer que je pourrais passer les week-ends chez eux et que j'achèterais des bières pour mon père. Il aime bien la Ch'ti et la Rince Cochon. J'ai hâte d'habiter chez moi maintenant, d'être comme mon frère.

Plusieurs semaines après, je pars en TGV pour enregistrer *C'est quoi l'amour ?* Quelqu'un nous attend à la gare et on rejoint les studios de l'émission en taxi. C'est dans un très grand hangar. On me maquille, on me coiffe. J'aime bien ça, parce que je me sens plus femme. On nous apporte des boissons. L'équipe technique est sympa. J'ai même pris des photos avec Carole Rousseau. Franchement, elle vaut le coup, elle est superbelle !

Elle m'interroge sur ce que je veux faire avec mon amoureux. Alors, je lui raconte que je veux des fiançailles, mon enterrement de vie de jeune fille, mon enterrement de trisomique et le mariage.



19. C'est quoi l'amour ?

Pendant l'émission, elle me demande si c'était difficile parfois l'exigence de mes parents. J'ai répondu : « C'est une bonne question. Dans deux mois, j'aurai mon appart et j'ai envie de leur dire, lâchez-moi les baskets ! »

# 20. Mon « chez moi »

J'aime bien rentrer chez moi le dimanche soir. Quand j'arrive, je retire mon manteau, je mets mes pantoufles et je mets ma valise dans ma chambre. Aujourd'hui, je peux gérer ma vie toute seule. Et puis, je peux faire la cuisine, trier le linge, regarder mon courrier, faire mes comptes, vider mon lave-vaisselle, faire mon petit ménage... Mes parents sont bordéliques, un peu comme Stéphanie. Moi je suis ordonnée. J'aime quand c'est nickel chez moi.

Oui, ça y est ! J'ai emménagé ! J'habite au quatrième, à la place de l'ancienne maternité, dans le quartier de la préfecture d'Arras. C'est là où je suis née et c'est là aussi où j'ai fait ensuite mes premiers stages. C'était au rez-de-chaussée. Je crois que je l'ai déjà raconté.

La première nuit où j'ai dormi seule chez moi, j'étais contente et excitée. J'avais mon propre appart, comme mon frère. J'avais un peu peur aussi. Quand mes parents m'ont dit : « Au revoir Éléonore » et que j'ai répondu « Salut les amoureux », je me suis retrouvée seule derrière la porte et ça m'a fait tout drôle. J'étais impressionnée aussi d'être au quatrième étage. Quand je regardais par la fenêtre, j'avais un peu le vertige. J'étais vraiment haut. La nuit, j'ai rêvé de moi toute seule dans l'appart et de mes parents qui faisaient leur vie de couple. J'étais indépendante. Le matin, mes parents m'ont appelée pour savoir si tout s'était bien passé. Il y a eu un ou deux week-ends que j'ai préféré passer chez moi. Maintenant, j'apprécie beaucoup de retrouver mes parents chaque vendredi soir. Quatre heures par semaine, j'ai une auxiliaire de vie qui vient m'aider, pour mes vêtements, mes repas. Il y en a une qui me parlait un peu comme à une gamine au début, alors je lui ai dit qu'elle pouvait me parler normalement. Maintenant, elle me respecte et me parle comme les autres, comme à une adulte.

J'ai choisi partout des couleurs pétantes. Rouge et vert pour ma cuisine, rose et vert pour ma salle de bains. Avec mes parents, j'ai acheté trois lustres, un rouge, un rose et un orange, un bureau en bois violet et un canapé rouge. Ici, j'ai mes livres, ma guitare, une photo de Mathurin en hockeyeur dans ma cuisine, le chapeau beige de Matt Fisher près de mon lit, une photo dédicacée de Carole Rousseau sur mon étagère, et, au-dessus de mon bureau, une photo prise dans la loge de The Servant en 2007, au Splendid à Lille, juste après le concert. Avec Dan et Matt on fait les imbéciles. Dan porte un des T-shirts qu'il avait peint l'après-midi.

Par contre, « mon cadeau empoisonné », je l'ai abandonné chez mes parents dans sa cage. Déjà que je laisse crever mes plantes…

J'ai un loyer de trois cent soixante euros, mais comme j'ai l'APL (aide personnalisée au logement), je paye très peu. Je commence à faire mes comptes toute seule. Je regarde sur Internet mes dépenses et je reporte sur mes comptes. Mon père, quand il a vu mon cahier, il m'a dit : « Mais t'es dans le rouge, ma chérie ! » J'avais bien noté mes dépenses, mais j'avais oublié de mettre ce que je gagne avec mon boulot et mon allocation d'adulte handicapée.

Chez moi, je regarde de moins en moins la télé. J'écoute surtout de la musique, de la variété française, du rock. Surtout du rock. Depeche Mode, Gossip… et je joue de la guitare électrique. Ça y est, j'ai repris mes cours avec un nouveau professeur, François-Xavier. Je vais tous les mercredis à Art

& Music. C'est là où Stéphanie prend ses cours de peinture. C'est un cours collectif. Les autres font de l'harmonica ou de l'ukulélé. Je joue des morceaux de Bob Dylan, de Gossip, d'Adèle ou des Rolling Stones. J'aime bien aussi ce groupe. Il y a trois ans, je suis allée voir *Shine a Light* de Scorsese sur les Rolling Stones. Keith Richards, c'est mon pote. C'est mon préféré avec sa gueule de pirate. En ce moment, je travaille *Rolling in the Deep*. Faudra que je montre à Robin, il adore chanter Adèle. Il habite aussi la résidence, comme Stéphanie. Tous ceux que j'aime.

Tous les gens de la résidence peuvent se retrouver au Kiosque, dans la salle de convivialité. Il y a des personnes âgées, des triso comme moi et de jeunes familles aussi. C'était ça l'idée de mon père : mélanger tout le monde et créer comme un petit village.

Au début, avec Stéphanie, Robin, Amandine et les autres, on animait le Kiosque. On préparait des petits cafés pour les personnes âgées. Après, on en a eu marre de les servir et de les voir attendre sans rien faire. Maintenant, on joue à des jeux de société, on discute… Et on leur fait des cafés si on veut, pour être gentils. Moi, je vais au Kiosque parce que j'ai besoin de voir du monde. Il y a une bonne ambiance avec les gens de la résidence.

Les personnes âgées sont un peu plus lentes que nous. Pour marcher, pour réfléchir, mais pas pour parler. Des fois, elles se fatiguent, alors elles remontent chez elles pour faire la sieste. Ça me rappelle ma grand-mère maternelle. Avant qu'elle meure, je l'aidais aussi à manger. On la sortait sur un fauteuil et elle était contente.

Ici je retrouve Gertrude. C'est une vieille dame. Elle a 88 ans. Je l'apprécie beaucoup. Elle a un fils au Gabon et une fille, Betty, qui bosse avec moi à la clinique comme sage-femme. Elle a une petite fille aussi, Léna. Gertrude me parle toujours comme à une adulte. Elle me parle beaucoup de ses enfants. Quand elle vient au Kiosque, elle passe toujours me voir pour prendre de mes nouvelles. Elle a même été filmée avec Stéphanie et moi. C'était pour le journal de 20 heures de Claire Chazal. Elle a confié qu'elle nous voyait, Stéph' et moi, comme ses arrière-petits-enfants. Elle se débrouille bien Gertrude. Elle a ses rendez-vous chez le coiffeur, chez le dentiste, elle fait ses courses… Il y a aussi Monique, une autre personne âgée. Monique ne raconte rien et je ne sais rien d'elle. C'est moi qui lui parle et elle, elle m'écoute.

Pascale et Philippe sont les voisins de Célia, une autre copine atteinte de la trisomie 21 que j'aime beaucoup. Pascale est passée sur France 2 avec moi. Elle vient au Kiosque quelquefois. Elle s'occupe souvent de Célia. Elle m'a dit que si j'ai un coup dur, je peux passer la voir. Mais je ne suis jamais passée. Elle s'intéresse beaucoup à la trisomie.

Amandine aussi a une trisomie. Elle travaille au foyer Soleil, une maison de retraite. Elle s'occupe des personnes âgées, elle leur prépare les repas, elle les fait rire. Elle a même dansé pour elles une fois. Elle est sympa et elle fait des choses vraiment drôles. Par contre, quand elle est de mauvaise humeur, on l'ignore avec les autres copains. Elle est très sportive. Elle fait du cross à Simencourt, et, chez elle, elle chante en karaoké du Lorie et du Garou. Amandine s'habille n'importe comment. Elle remonte ses collants jusqu'au nombril. Elle est bras nus quand il fait froid et en manches longues quand il fait chaud. Elle mélange tout et met des grandes chaussettes avec des pantacourts… À mon avis, elle a un problème avec la météo.

Mario aussi est atteint de la trisomie 21 et en plus il est diabétique. Il passe des tests avant de manger pour vérifier s'il n'a pas trop de sucre dans le sang et une infirmière passe le voir. Il ne doit pas prendre de choses trop sucrées. Moi j'aime bien les trucs sucrés, mais je ne veux pas finir comme lui. Mario a 23 ans. Il joue du piano et tous les matins quand je traverse le couloir pour aller travailler, je l'entends. Il joue superbien. Ça me met de bonne humeur. Il va chez l'orthophoniste comme moi et à son cours de piano au conservatoire, tout seul, en vélo taxi. Il est amoureux d'Amandine. Il est doux, mais parfois un peu agressif. L'autre jour, je débarrassais la table et il m'a arraché la salière de la main. Il est un peu nerveux.

Quand on fait la Fête de la musique en bas, dans le jardin suspendu, Mario joue du piano. Moi, je joue de la guitare électrique qu'on branche avec une rallonge dans la salle de convivialité et Robin joue de la flûte. Mario s'entraîne aussi avec Mme Sarrazin, une autre vieille dame de 90 ans, qui vit à la résidence. C'est elle qui lui a proposé de l'aider au piano.

Christian, c'est l'homme d'entretien de la résidence. Il est employé par l'entreprise Logista. Il lave les sols de l'entrée, des couloirs… et répare tout. C'est lui qu'on appelle quand on a un problème : une alarme d'incendie qui se déclenche, un joint qui manque à la porte d'entrée ou une fuite d'eau à la douche. Il est gentil et serviable. Il vient aussi nous voir au Kiosque. Parfois, je prends des nouvelles de sa fille qui fait du foot.

Il y a Geneviève aussi, une vieille dame qui aime bien descendre à la crèche raconter des histoires aux enfants. Parfois, on se rend des petites visites. On s'invite pour des apéros.

Au début, c'était la fête dans la résidence. Mais franchement, c'était un peu n'importe quoi. Ça courait en pyjama dans les couloirs à n'importe quelle heure. On organisait des soirées pizza. Mario allait frapper chez sa voisine la nuit quand il voulait des gaufres… Alors, on en a discuté avec M$^{me}$ Bisbrouck, mon ancienne prof de collège. C'est elle qui vient pour animer les groupes de parole de Down Up, avec Gaëlle, notre éducatrice.

Nous, M$^{me}$ Bisbrouck, on l'appelle juste « Madame », mais ceux qui ne la connaissent pas comme nous, l'appellent « Élisabeth ».

Elle a créé le comité des locataires de Down Up. C'est avec elle qu'on a décidé qu'il y aurait pour chaque étage un responsable. Moi, je m'occupe de tout le quatrième étage. Et maintenant, je suis devenue présidente du comité. C'est pour ça que j'ai écrit sur mon ordinateur un règlement que j'ai présenté au comité. Je suis comme mon père, il faut avancer !

À notre réunion de locataires, on a fixé des règles : ne pas courir dans les couloirs, ne pas se rendre visite après vingt heures trente, respecter les auxiliaires de vie… Mais on peut quand même s'inviter et se voir même plus tard, comme le samedi soir. Et puis, on a dit qu'on changerait les règles après, quand tout le monde sera calmé.

Chaque jour, j'ai des activités, des rendez-vous, après mon boulot. Le lundi, c'est la gym douce, le mardi, c'est le Kiosque à partir de quinze heures jusqu'à dix-sept heures dans la salle de convivialité. J'y vais aussi le jeudi après-midi. Le mercredi j'ai mon cours de guitare électrique. Le jeudi, je vois mon orthophoniste, et puis j'ai mon groupe de parole à l'association Down Up. Le vendredi, je vais chez la kiné.

M$^{me}$ Bisbrouck nous explique que le groupe de parole, ce n'est pas pour régler les comptes de la semaine ou les affaires privées. On ne doit parler que des choses qui concernent le groupe. En ce moment, on parle des droits et devoirs, de la responsabilité, de l'autodétermination. Quelquefois, M$^{me}$ Bisbrouck arrive avec une question : « Et si chacun faisait ce qu'il voulait ? » Alors, nous, on dit tout ce qu'on aimerait faire. Mais M$^{me}$ Bisbrouck veut qu'on parle plus du groupe. Alors la semaine suivante, elle nous demande : « Et si chacun faisait n'importe quoi, n'importe comment, n'importe où ? » Et là, on a bien rigolé parce qu'on pouvait dire aussi n'importe quoi.

## 21. Portes ouvertes

Je ne dois plus laisser les gens sur le paillasson. C'est ce que m'a expliqué Gaëlle, notre éducatrice, parce que c'est ce que je faisais avant, quand je recevais chez moi. J'oubliais de dire aux gens : « Entrez ! » Et du coup, ils restaient dehors. Même mes parents attendent que je leur dise : « Entrez les amoureux ! » Maintenant, je fais attention.

Quand je propose à boire à mes invités, je dois leur demander aussi ce qu'ils veulent avant de leur servir un jus d'orange. Gaëlle par exemple, elle aime bien prendre un jus de clémentine et parfois, elle préfère un thé.

Justement aujourd'hui, il y a plein de gens. Ça tourne partout dans les couloirs de la résidence. Je leur dis : « Vous pouvez entrer ! » Mon père ne s'attendait pas à voir autant de monde ce matin. On est le 8 octobre 2011, c'est la journée portes ouvertes de l'îlot Bon Secours. Je dois faire visiter mon appartement, comme Amandine, Robin, Stéph' et les autres locataires de Down Up.

Chez moi, je suis bien installée et tout est nickel. Ça fait trois mois que j'ai emménagé. Stéphanie, elle, a fait une présentation d'art floral avec sa mère dans son appartement. Robin, qui partage son appart avec Pierre-Alexandre, a disposé des gâteaux, une tarte au *libouli* et de la brioche pour les gens qui passent. Thibaut lui, a tout mis aux couleurs du drapeau du Royaume-Uni, des dessous de verre jusqu'au couvercle des toilettes ! C'est lui qui a fait toute la déco. Mario joue du piano chez lui et offre des feuilles de chicon (ou endive) garnies au thon mayonnaise. Ses parents cultivent des chicons de terre. Ma mère dit que ça n'a rien à voir, au goût, avec les chicons de serre !

Je me suis faite belle. J'ai mis le petit haut bleu que j'aime. Celui avec de longues manches qui m'arrivent jusqu'aux mains et que j'enfile par le pouce, comme un gant. Ça fait style. Je porte aussi un pantalon collant noir, un gilet violet et un collier et des cheveux colorés.

Manu fait un petit discours dans la salle du bas pour présenter la résidence. Il parle aussi du livre

*Supplément d'âme*, sorti il y a un mois. Il y a un cocktail, de la croissanterie, de la charcuterie… Au quatrième, je fais visiter mon appartement à tous les gens qui passent : des Arrageois que je n'ai jamais vus, d'autres déjà croisés mais aussi quelques personnes que je connais comme Lise-Marie De Reu, mon ancienne prof d'informatique, Fleur et sa mère, des cousines, ma marraine Bernadette ou les parents de mon père…

Je fais le guide. Je leur montre ma cuisine avec mon garde-manger, la porte de mon four escamotable, mon salon avec ma télé, mes CD, ma Freebox, ma chambre-bureau… Les gens me laissent des messages sympas sur mon livre d'or, des félicitations pour mon appart. Ils écrivent qu'il est « ravissant et coloré comme [moi] » et me souhaitent du « bonheur pour [ma] nouvelle vie ».

Jean-Paul Delevoye vient aussi visiter mon appart. Élise le suit. Pendant qu'il signe mon livre d'or, je mets la casquette qu'il m'avait offerte avec le nom de la ville dont il est maire : « Ville de Bapaume ». Ça le fait rire et je lui tape dans les mains comme les rappeurs. Pour lui, je lui fais la visite complète, ma cuisine, mon four, ma vue sur le jardin suspendu… Des journalistes nous suivent et prennent des notes ou des photos de Jean-Paul ou de mon four.

Vers midi, on part manger au Carnot. Moi je monte dans la voiture de Jean-Paul Delevoye. C'est là où il me demande s'il peut parler de nous tous dans son discours, même de Valentin, mon petit frère mort. Moi ça ne me gêne pas. On en parle aussi parfois chez moi quand on regarde nos photos de bébé à la maternité. On rejoint mes parents, ma marraine Bernadette, Mathurin et un pote à lui, Florian. À table, comme Jean-Paul Delevoye s'ennuie un petit peu avec ma marraine, il discute tout le repas avec le pote à Mat. Ils s'entendent superbien.

La journée continue à l'hôtel de ville, au beffroi, dans la salle d'honneur, pour la remise de la médaille de Manu. C'est une superbe salle tapissée d'une toile immense avec des paysans, des commerçants du Moyen Âge qui tiennent des cochons, des oies… sur les places d'Arras.

C'est moi qui prononce le premier discours. Il n'y a que ma mère qui le connaît parce que je lui ai demandé de m'aider à le taper sur le Mac. Jean-Paul Delevoye me donne la parole, puis se rappelle un truc : « Ah, excusez-moi, on a besoin d'une petite mise en place » et il part chercher un tabouret pour qu'on me voie un peu mieux derrière les micros, parce que je suis petite. Je souhaite la bienvenue à tout le monde, aux membres de ma famille et à « mes copines qui sont devant ». Puis je commence à lire mon discours :

« Papa, je suis fière de toi. Tu es toujours à fond pour tout faire bouger pour nous.

Tous les mardis, après le repas, tu vas à ta réunion Down Up. Tu n'es pas à la maison, mais je sais que tu fais ça pour moi et tu le fais bien. Je suis fière d'être la fille du président.

Papa, ça se voit que tu bosses à fond pour le collectif les Amis d'Éléonore. Quand tu parles de la loi de bioéthique et de la non-stigmatisation de la trisomie 21, je me bats avec toi. Tu sais que je suis fière de toi.

Manu, je te félicite pour avoir créé le projet de l'îlot Bon Secours.

Je suis née à l'ancienne clinique Bon Secours, j'ai fait mes premiers stages au service facturation de la clinique et maintenant j'ai mon appartement ici.

L'îlot Bon Secours, c'est une superidée.

Grâce à toi, on a des belles cuisines que l'on a choisies chez Danjou.

Grâce à toi, on a des aides ménagères, c'est super.

On a aussi des iPhones et des iPads pour se voir et être aidés.

Le projet avance bien. C'est ça que j'aime chez toi, quand tu fais quelque chose, tu le fais jusqu'au bout.

Manu, je te félicite aussi pour le livre *Supplément d'âme* pour changer le regard.

Ta médaille, tu l'as bien méritée. Manu, je te tire mon chapeau. » Mon père est ému et je crois qu'il a aimé quand j'ai parlé des cuisines. Ça l'a fait un peu rire. Il m'embrasse et me félicite. Je dis à mes parents : « Embrassez-vous les amoureux ! » Jean-Paul Delevoye prend le micro à son tour et commence un très beau discours, très long, où il raconte la vie de toute la famille. Il évoque mon père jeune, quand il travaillait, à 15 ans, sa rencontre au lycée avec maman. Je crois que Manu était en première, mais je ne suis pas sûre. Ma mère a eu le coup de foudre pour lui. Elle voulait être prof d'anglais et elle est partie un an à ses 18 ans aux États-Unis. Et là, elle a eu un autre coup de foudre, pour Bob Dylan. Ça, Jean-Paul n'en parle pas, mais moi je le sais.

Après, il s'adresse à mes grands-parents qui sont là aussi. Ils voulaient que mon père soit prêtre. N'importe quoi. Mon père voulait faire les Beaux-Arts. Au lieu de ça, il a fait deux ans de petit séminaire et un mois d'hôpital psychiatrique à l'armée, mon pauvre papa, ça devait pas être gai ! Et ça, il ne me l'avait jamais dit. Jean-Paul raconte aussi que Manu vendait des dessins à l'encre de Chine devant le Monoprix d'Arras, où je m'étais pris une fessée. Mais je crois que je n'étais pas encore née. Après Jean-Paul parle des Beaux-Arts à Paris pendant que Maryse, ma mère, fait des ménages et une maîtrise d'anglais… Puis il parle de Mathurin, de Valentin, de moi, de mes problèmes de santé…

À la fin, je lui apporte la médaille sur un petit coussin rouge et Jean-Paul, droit en face de Manu, déclare avec une grosse voix : « Au nom du président de la République et en vertu des pouvoirs qui nous sont conférés, nous vous faisons chevalier dans l'ordre du Mérite. » Je n'ai jamais vu mon frère si ému. Tout le monde applaudit, tout le monde s'embrasse et tout le monde file vers le buffet préparé par le lycée hôtelier de Saint-Charles. On peut goûter de la charcuterie, le *Potjevleesch,* le maroilles, le cœur d'Arras, la mimolette, la tomme de Cambrai, des *tartes al'suc* et boire de la Page 24 et de la limonade.

Le mois suivant, je passe encore dans plusieurs reportages, sur France 3 Nord Pas-de-Calais, au 13 heures de Laurent Delahousse sur France 2… Et puis je passe aussi à la radio, sur Vivre FM avec mon père. C'est Christophe Bougnot qui nous interviewe. Il est posé, cool. Il me parle normalement. Il me pose des questions que les autres ne me posent pas. Il m'interroge sur mes lectures, sur mon avenir, sur les clichés sur les trisomiques qui sont vus comme des enfants… Je lui réponds que « déjà, moi je me sens adulte ». Je lui parle de ma trisomie « qui est visible, c'est vrai », « des moqueries, de la maltraitance » qui ne sont « pas de bons souvenirs ». Je lui explique mon idée de Téléthon pour la trisomie… parce que ça me tient à cœur.

# 22. Célia

Célia est une des premières résidentes de l'îlot Bon Secours. C'est aussi une copine. Je la connais depuis le Jura. C'est là où on est allés à Bois-d'Amont, avec l'association Geist 62. C'était en février 1996. J'étais encore en CE2. C'est là aussi où j'ai appris à skier avec Fleur et Stéphanie. C'est pour ça que Célia répète tout le temps que je suis sa « copine d'enfance ». Elle ne sait dire que ça ou quoi ? Franchement, parfois ça m'énerve !

Célia s'est installée avec Laurence à la résidence en mai 2011. Deux appartements étaient prévus pour une colocation sur les dix réservés pour les personnes porteuses de trisomie 21. La colocation, c'était pour faciliter la vie des plus jeunes, comme Robin et Laurence. C'est en tout cas ce que tout le monde pensait. Ça n'a pas été si simple… Mon père dit que « ça a été un peu un échec ». En fait, ça a été la catastrophe !

Il fallait que les personnes s'entendent, mais aussi leur famille. Gilles-Emmanuel devait vivre avec Célia, mais comme ça ne collait pas, Laurence l'a remplacé et lui a laissé son appartement. Du coup, Célia et Laurence se sont installées ensemble. Un peu plus tard, Robin et Pierre-Alexandre se sont installés dans le deuxième appart prévu pour deux et ils n'ont plus arrêté de se disputer. Robin a fini par se retrouver seul. Pierre-Alexandre avait plein de stages à l'extérieur, loin d'Arras. Et lorsqu'il a raté son CAP, sa mère a préféré qu'il déménage. Elle dirigeait un établissement spécialisé. Peut-être qu'elle trouvait que la résidence n'était pas assez bien pour son fils.

Moi, je trouve ça bien que Robin vive seul. En plus, je peux le voir chez lui, tranquille.

Célia a 29 ans quand elle arrive à l'îlot Bon Secours. Elle travaillait dans un ESAT (établissement et service d'aide par le travail) et vivait dans un appartement hors d'Arras, seule. Elle voyait peu de monde, entre son boulot et son appart. Alors, elle était heureuse de se retrouver avec Laurence. Laurence est plus jeune : elle a huit ans de moins. Les deux filles se sont superbien entendues. Elles sont tombées amoureuses l'une de l'autre et c'est là qu'elles ont commencé leurs conneries…

Elles étaient quelquefois fâchées avec leur famille. Elles n'aimaient pas trop non plus être séparées le week-end. Alors, elles ont décidé de partir, toutes seules. C'était en décembre 2011, le même mois où j'ai vu le premier ministre, François Fillon, pour parler du collectif, demander à avoir des fonds pour la recherche et proposer que la trisomie 21 devienne grande cause nationale. De toute façon, ça n'a servi à rien. Bref, Laurence et Célia avaient décidé de partir. Mon père trouve que cette histoire est « une sacrée leçon d'autonomie ». N'empêche qu'il s'est affolé comme les autres quand il a appris la fugue. C'était au téléphone. Il était avec moi et ma mère au concert de mon prof de guitare. Les parents de Laurence et Célia n'avaient pas retrouvé leurs filles et ils avaient imaginé le pire.

C'était la panique. Le soir, mon père et les parents des filles ont fouillé tout Arras. Le père de Laurence a filé à la gendarmerie pour déclarer la disparition de sa fille, mais comme il était pas mal bourré, les gendarmes l'ont fait souffler dans le ballon et lui ont confisqué son permis, direct.

Célia et Laurence avaient retiré de l'argent au distributeur et étaient allées dîner en amoureuses dans une pizzeria. Elles avaient aussi réservé pour la nuit un petit hôtel deux étoiles près du beffroi, place des Héros à Arras : l'hôtel Diamant. Elles avaient pris soin de débrancher leur téléphone pour être hors réseau. Le lendemain, elles avaient fait du shopping toute la journée, tranquilles.

Finalement, une des filles s'est servie de son téléphone, et c'est comme ça qu'on les a retrouvées, le lendemain de leur disparition. Les parents n'étaient vraiment pas contents. Mon père était en rage, mais il a cherché une solution dans la résidence et proposé d'autres appartements. Mais les parents de Laurence ont refusé. Ils ne voulaient rien entendre. Ils ont préféré reprendre leur fille trois ou quatre mois chez eux. Ils l'ont presque enfermée et lui ont trouvé un autre appart, près de Bon Secours.

C'est très triste cette histoire. Les filles ont été punies et leurs parents ne se sont plus reparlés. De toute façon, le père de Célia est psychiatre à La Réunion et celui de Laurence boit beaucoup et s'est séparé de sa femme. Les filles s'aiment toujours, mais ne se voient plus.

Moi je continue à fréquenter Célia dans la résidence. Aujourd'hui, elle travaille à la Finarde, la fromagerie de la citadelle. Elle est très proche de moi. Elle se confie beaucoup à moi, elle digère mal le divorce de ses parents. Je lui ai expliqué qu'elle s'était fait manipuler par Laurence qui la considérait comme un objet.

Mon père dit que Célia n'est pas une fille pour moi. Dès que je parle d'elle à mes parents, ça les énerve. Ils me trouvent trop influençable.

L'autre jour, j'ai passé la soirée avec Célia et on s'est embrassées sur la bouche. Le lendemain, mon père m'a demandé pourquoi j'étais si fatiguée. Je m'étais couchée à trois heures du matin. Je lui ai expliqué. Mon père n'était pas content. Maintenant, je ne vois Célia qu'à l'extérieur. Je préfère. C'est une règle que j'ai fixée. Je l'ai dit aussi à sa mère.

Célia est amoureuse de moi et je crois qu'elle se fait des films. Elle fait une fixation sur moi. Moi je ne suis pas amoureuse d'elle. C'est une amie, mais quelquefois je ne peux plus la saquer et je dois faire des coupures. Je garde mes distances. Mais j'aime bien comment elle me regarde, comment elle me parle. J'ai rêvé qu'elle m'embrassait encore.

Une fois, mon père filmait aux Journées de la science à Paris, pour la Fondation Jérôme Lejeune. C'était il y a quelques années. Je lui ai expliqué devant la caméra que j'étais lesbienne : « Les hommes, c'est pas pour moi. J'aime bien les femmes, ça m'intéresse. » Mais je parle plutôt de ça à ma mère. Elle pense que c'est pour ça que j'adore Beth Ditto, la chanteuse de Gossip. Elle est lesbienne aussi, et forte comme Célia. C'est un peu mon modèle.

Quand j'entends la chanson de Soan, *Inch alleluia,* je pense à Célia. J'ai envie de la lui dédicacer. Elles me touchent ses paroles. C'est comme ça que je la vois, Célia.

« Inch alleluia sous les ongles
Et si tu veux de moi
Touche-moi,
qu'on se confonde !
Hello m'alikoum aïe, petite sœur !
Je te pleus par cœur. »

## 23. Tous « hockey » contre la trisomie 21

Mathurin a une superidée : avec son club de hockey à Lille, il participe régulièrement à des tournois au profit de la mucoviscidose. Et là, il a pensé : « Et pourquoi pas pour la trisomie ? » C'est un peu ce que je voulais faire avec le Téléthon. Alors, avec tous ses copains, mon frère décide d'organiser une rencontre à Sainte-Catherine-lès-Arras début janvier 2012. Tout l'argent ira à Down Up.

Mat est comme mon père, il veut tout faire. Il est coach, arbitre, responsable d'équipe dans son club, en Nationale 4, membre du bureau du club, trésorier du comité régional de roller hockey.

Mat obtient l'autorisation pour le lieu. Une grande salle couverte. C'est grâce à lui qu'elle avait été créée par la mairie, quand il était en 4e. Il avait fait signer une pétition à des centaines de personnes pour avoir un skatepark couvert. Il déposait des pétitions dans toutes les boutiques de sport avec ses copains de roller. À l'époque, il faisait beaucoup de roller et de démonstrations. Il était même sponsorisé par Intersport. Il avait vu le directeur de cabinet du maire d'Arras, Frédéric Leturque, et avait eu sa salle. Et puis, il était parti en Australie.

Je suis venue avec tous mes copains pour supporter mon frère et l'équipe de Lille. Amandine, Mario, Fleur… Ils sont presque tous là. Tous bien emmitouflés, parce qu'il caille. Même Amandine, qui confond toujours l'été et l'hiver, a son gros anorak rouge avec une écharpe. Même pour manger ses pâtes, elle le garde.

Pour se réchauffer, on crie : « Allez Mathurin ! », « Allez Mat ! » À la fin, je crie même : « Allez Lille ! » Tant pis pour l'équipe d'Arras. On suit les scores sur le grand tableau électronique. C'est Lille qui gagne.

Down Up a fait des pâtes carbonara et des bolognaises et a loué une pompe à bière. Mes parents s'occupent un peu de la buvette. Moi je regarde tous les matchs. Mais surtout mon frère, avec son casque… C'est impressionnant. Il y a son copain

Xavier aussi. C'est lui qui a aidé Mathurin quand il a fait sa chute de skate et qu'il avait la joue éclatée. Il avait eu huit points de suture au visage après un saut d'un bloc de sept marches. Ça, je n'avais pas aimé, mais Mat continue à sauter partout.

Mon frère est tout en sueur quand il enlève son casque, ses coudières, genouillères… mais il a gagné : la journée rapporte plus de mille euros à l'association et je suis fière de mon grand frère.

# 24. L'invitée de la semaine

À présent, avec mon rôle de porte-parole du collectif, le mois de mars sera toujours chargé. Le 21 mars, c'est la journée mondiale de la trisomie 21. On a choisi cette date parce que c'est le troisième mois, comme le troisième chromosome en plus que j'ai sur la paire 21. Comme les journalistes se préparent quelques jours avant, je dois prévoir quelques absences à mon boulot et du coup, les rattraper…

Même quand je m'absente quelques heures, je dois récupérer. Je termine plus tard par exemple. Parfois, je prends aussi sur mes congés. Pareil lorsque je passe des examens de santé, pour mon cœur, des prélèvements au labo, pour le traitement de ma thyroïde, des scintigraphies… À chaque fois qu'on pense que j'ai peut-être un nouveau problème, une thrombose, une embolie pulmonaire ou autre, on me fait passer de nouveaux examens. L'autre jour, j'ai eu des épreuves d'effort sur un tapis roulant. Dix minutes de marche rapide : j'ai failli m'écrouler. Et toujours ces prises de sang... Cinq flacons la dernière fois. Un vrai prélèvement de cheval !

Le 16 mars, j'interviens avec mon père au CESE (Conseil économique, social et environnemental), au palais d'Iéna. Maintenant, j'ai l'habitude de prendre la parole en public. Le collectif les Amis d'Éléonore rassemble aujourd'hui une trentaine d'associations et trois mille personnes. C'est Jean-Paul Delevoye le président du CESE. Il est aussi parrain du colloque. Il me demande de présider avec lui. Il y a beaucoup de monde, c'est impressionnant.

Robin souffle sur des pissenlits. Juste à l'entrée, dans le grand hall, au milieu de quatrevingts autres photos du livre *Supplément d'âme*. On me voit aussi devant l'Assemblée nationale, et Stéph' chez elle. On est tous sur de grands panneaux. Ce sont les mêmes photos que celles qu'on avait placées à l'îlot Bon Secours pour les journées portes ouvertes et au beffroi, pour la remise de la médaille à Manu.

Mon père veut que les personnes avec une trisomie soient plus nombreuses à prendre la parole et qu'elles soient entendues. Au CESE, il parle du maintien en milieu ordinaire. Il a raison. J'explique que « j'ai des copains en milieu fermé et c'est pas bon pour eux ! » Ils sont supermal dans leur peau. Je n'aimerais pas être à leur place. Puis je parle des besoins de la recherche.

Le site handicap.fr publie un article quelques jours plus tard sur cette journée. Il parle de moi : « Elle est présente ce jour-là, siège à la tribune avec un aplomb sidérant, interpellant les uns et les autres, émouvant l'assemblée jusqu'aux larmes. La sincérité de son discours, ses éclats de rire, ses petits sanglots valent à eux seuls tous les discours. » Oui, c'est vrai, je ne contrôle pas toujours toutes mes émotions… L'article cite aussi la mère d'une enfant avec plusieurs handicaps qui en a marre de bosser le jour, de ne pas dormir la nuit, de devoir être un superhéros toute l'année parce qu'il n'y a pas d'accompagnement. Il cite aussi mon père : « Ce n'est pas Éléonore qui est handicapée mais la société qui a créé un environnement handicapant » ; « L'essentiel n'est pas le respect de la norme, mais la culture du bonheur. » J'appuie toujours ce que dit mon père. C'est lui mon superhéros.

Les 17 et 18 mars, l'équipe de TF1 revient me voir pour *C'est quoi l'amour ? : Que sont-ils devenus ?* Je peux lui annoncer : « Bienvenue chez moi dans mon appart ! » Elle l'avait vu en travaux, maintenant, elle le voit terminé. Laurence, mon aide, accepte d'être filmée. On confectionne une tarte à la confiture. C'est supersimple comme recette. Avec M^me^ Bisbrouck, au collège, on suivait toujours des recettes. Mais elle devait bien tout nous expliquer, parce que si elle disait juste : « Ajoutez les œufs entiers », certains oubliaient de les casser et les mettaient entiers, direct dans la farine. C'est pour ça qu'il faut être carré. Au travail, moi je suis toujours carrée, minutieuse.

Laurence explique à TF1 que je suis « ordonnée » et que je me débarrasse petit à petit de mes phobies : « Faire la vaisselle, avoir les mains sales, c'est quelque chose qu'elle avait beaucoup de mal à supporter, mais là, elle le fait. » C'est vrai, je déteste ça, c'est pour ça que je n'aimais pas trop mon stage à la maison de retraite, c'est pas à cause des vieux. Laurence dit que je suis « très autonome » et que je le suis « de plus en plus ».

La journaliste veut aussi avoir l'avis de mes parents sur ma nouvelle autonomie. Alors, on retourne rue de Douai. Sur le canapé, ma mère me parle, devant la caméra, plutôt de son autonomie à elle : « Le matin, t'entendre rire, ta bonne humeur… Tout ça c'est quelque chose qui nous manque quand même, oui. » La journaliste me demande :

« Et toi Éléonore tes parents te manquent ?

— Un peu moins. »

L'équipe nous filme ensuite chez Leclerc. Je fais les courses avec mes parents, chacun part de son côté. J'appelle juste mon père quand je me prends la tête avec le scan achat. TF1 me suit aussi à la librairie Chapitre d'Arras, rue Gambetta. Avec Robin, on dédicace le livre *Supplément d'âme*. Robin parle encore des regards des autres qui lui font mal. Je lui dis de ne pas écouter les gens. À la caméra, il dit : « Oui j'écoute les conseils de ma copine, mais je n'arrive pas à les ignorer. » Moi je dis que « les réflexions des gens, je m'en fous ! »

Le reportage se termine chez moi. J'ai fait du saumon à mes parents. Mon père dit qu'il veut envisager mon futur sans lui et ma mère, que si demain ils disparaissaient… Je n'aime pas quand il parle comme ça. Je leur annonce que la prochaine étape pour moi, « ce sera le pacs avec mon chéri, comme ça, je ferai une grande fête. Faut que je prévoie une date ».

Deux jours plus tard, je vais à Paris pour l'enregistrement de l'émission *Le Magazine de la santé*. Le 20 mars 2012, veille de la journée mondiale de la trisomie 21. Je me rends avec ma mère au studio des Productions du 17 juin – Atlantis. Mon père



24. L'invitée de la semaine

ne peut pas nous accompagner, il bosse. Je suis l'« invitée du jour » de Michel Cymes et de Marina Carrère d'Encausse. Juste avant, ma mère me prépare : « Ça va aller, détends-toi, regarde bien ton interlocuteur. » Ce sont toujours les mêmes mots, mais ça me met à l'aise. Marina me dit aussi que tout va bien se passer.

Marina : « Demain ce sera la journée mondiale de la trisomie. Son but : changer, démystifier le regard des autres. Éléonore, 26 ans, sera avec nous, pour justement nous parler de ce regard qui l'a souvent blessée, mais aussi d'elle, de son travail et de sa vie. » Je suis déjà installée dans mon fauteuil à côté d'une étagère avec d'énormes bocaux de gélules qui ressemblent à des bonbons. Je ne suis pas vraiment stressée et puis je suis comme dans un salon. C'est très coloré comme chez moi, avec du rose, du bleu… Marina présente la journée de la trisomie et la campagne « Trisomique, et alors ? » lancée par un collectif de parents et d'associations. « Et à cette occasion, on va accueillir Éléonore Laloux… » C'est à moi !

« Bonjour Éléonore.

— Bonjour Marina.

— Vous avez 26 ans, vous travaillez depuis six ans dans une clinique. Qu'est-ce que vous faites dans cette clinique, comme travail ?

— Je fais du classement alphabétique, de l'adressage, de la mise sous pli. Je fais des photocopies et j'envoie des fax. »

Michel Cymes : « Et comment ça se passe aujourd'hui avec les collègues ?

— Au début, c'était dur. Parce que je parlais aux murs. Petit à petit les regards ont changé… »

Marina Carrère d'Encausse : « Aujourd'hui donc ça se passe bien. Une autre chose a changé dans votre vie, c'est que vous habitez dans votre propre appartement. C'est vous qui avez voulu quitter vos parents ? Qu'est-ce qui a fait que vous soyez partie ?

— En fait, je voulais faire un peu comme mon frère et que mes parents me lâchent un peu les baskets.

— Oui, c'est ça… Je crois que votre maman qui n'est pas loin va apprécier… Et alors on a trouvé un appartement dans une résidence un peu particulière… Ça se passe comment, c'est quoi ?

— En gros… avant que ce soit l'îlot Bon Secours, c'était une clinique. C'est là que j'ai commencé mes stages. Ensuite mon père et les architectes ont créé l'îlot Bon Secours. En tout, il y a soixante-quinze appartements. »

Michel Cymes : « Et vous avez une aide dans ces appartements. Vous êtes totalement autonome… Des gens viennent vous aider ?

— Je suis autonome et il y a des aides ménagères qui passent quatre fois par jour. »

Là, j'ai fait une grosse boulette ! Je ne sais pas pourquoi j'ai dit « quatre fois par jour ». Elles passent quatre fois par semaine une heure, et ça suffit largement. Elles sont utiles parce qu'il y a des choses que je ne sais pas faire : nettoyer les vitres qui sont beaucoup trop hautes pour moi, ou ouvrir une boîte de conserve parce que j'ai peur de me couper. Le reste, j'y arrive toute seule.

Marina Carrère d'Encausse : « Et qui vous aident à quoi ?

— À préparer mes habits en fonction du temps qu'il fait dehors, pour le repas et aussi pour le ménage.

— Et le week-end vous faites quoi, comme tout le monde ? Vous voyez des amis ?

— Le week-end… J'ai plein d'activités. Je vais au cours de gym avec ma mère, je prends des cours de guitare, je joue de la guitare électrique depuis perpète. Je vais à des rendez-vous comme orthophoniste, kiné, etc. »

Michel Cymes : « Quand on a une trisomie 21, on sait qu'on est un petit peu différent des autres… Vous prouvez aujourd'hui qu'on peut avoir une vie très riche et très heureuse, mais il y a quand même le regard des autres qui est parfois un peu insistant, pas très agréable. Est-ce qu'aujourd'hui, quand vous vous promenez dans la rue, vous sortez, vous sentez que les gens vous regardent un peu bizarrement ou pas du tout ?

— Depuis que le collectif les Amis d'Éléonore s'est créé avec mes parents, les regards commencent à changer et c'est positif. »

Marina Carrère d'Encausse : « Alors ce collectif des Amis d'Éléonore est à l'origine d'un livre qui s'appelle *Supplément d'âme* où il y a des portraits de plusieurs trisomiques. C'est très joli, c'est extrêmement intéressant à lire [...]. Une dernière question, je vais être un peu indiscrète, vous avez un amoureux ?

— Oui j'en ai un. J'ai un petit copain et ça fait un an que l'on est ensemble. »

Michel Cymes : « Il s'appelle Benjamin... Je balance ! Et il travaille dans la même clinique que vous.

— C'est ça. Mais il n'est pas dans le même service. Il est au service pharmacie. Il fait de la manutention. En fait, il distribue des médicaments à tous les services. »

Marina Carrère d'Encausse : « Éléonore, aujourd'hui, si vous faites un point sur votre vie, vous êtes heureuse ?

— Oui, je suis heureuse parce que j'ai l'amour de mes parents, de toute ma famille, de mes collègues de travail, de mon petit copain aussi... »

Michel Cymes : « Tout le bonheur quoi ! Tout ce que tout le monde désire. Merci Éléonore. »

Ça ne va pas plaire au père de Benjamin qu'on balance le nom de son fils. C'est la dernière fois que je parle de lui en interview. Avec Benjamin, on a été obligés de rompre à cause de son père. C'était trop compliqué. J'ai beaucoup pleuré. Mais je le vois encore tous les jours, tous les midis, à la cantine de mon boulot.

Mes collègues me disent que je me rends malheureuse, que je ne devrais pas trop le revoir. Je pense que Benjamin restera toujours seul parce que son père veut qu'il soit malheureux comme lui. Mais parfois Benjamin réagit. Il est parti porter plainte à la gendarmerie contre son père. J'aimerais bien l'aider.

Comme chaque année depuis 2001, je retrouve, la première semaine de septembre, la troupe d'*Histoires et Rêves d'Artois*. C'est un spectacle son et lumière, dans la banlieue d'Arras, qui raconte l'histoire de la région. Trois week-ends, entre répétitions et spectacles. J'arrive toujours avec un petit mot pour Isabelle, ma chef d'équipe. Je la remercie et je lui dis que je suis heureuse d'être là. Avec ce spectacle, on traverse toutes les époques, depuis la préhistoire.

J'adore porter ma belle robe rose et mon grand chapeau de la Belle Époque ou défiler tout près du public, dans une charrette tirée par des chevaux de trait, habillée en paysanne. Isabelle évite juste de me donner des choses trop dangereuses à faire : tenir une torche pour la scène du feu, courir avec des râteaux trop lourds pour la scène sur Napoléon III. Je ne peux pas jouer non plus le passage sur les moines : il faut se positionner dans le noir à un endroit précis. Déjà que je dois enlever mes lunettes parce qu'elles sont un peu trop modernes, alors en plus, dans le noir… Une fois, j'ai même raté une scène. Avec ma belle robe rose, je suis tombée dans la boue. Je n'ai pas eu le temps de me changer pour la scène suivante. La catastrophe ! Alors, j'essaie toujours de prendre de l'avance. Je sais que je suis un peu plus lente, mais je veux tout faire parfaitement, chaque année.

Il y a trois ans, au parc d'Immercourt de Saint-Laurent-Blangy, j'ai fini aux urgences. Je m'étais tordu le pied dans une ornière en descendant de la charrette.

En octobre, je tourne la deuxième campagne de pub d'Apreva, la mutuelle. « Quand la santé va, tout va ! » Ça, c'était leur premier slogan. Mon père me coache pour que je dise ma nouvelle réplique. Je répète deux ou trois fois avec lui pour être parfaite, en articulant bien : «… Ils me parlent cash et j'aime ça. Pour moi un expert santé, c'est ça… » Je ne sais pas pourquoi j'ai choisi ces vieilles lunettes. La dernière fois, ils ont tourné le spot chez moi. Je m'étais mis les cheveux en pétard. J'avais envie. Ça fait bizarre, après, de se croiser dans la rue, comme à la gare d'Arras l'autre jour. Parfois même, je m'assieds à côté de moi pour attendre le bus. Je vois aussi des grands panneaux de ma tête au jardin Minelle et quelques personnes me reconnaissent. Dans la rue, des gens me reconnaissent aussi parce qu'ils m'ont vue à la télé.

Ma mère vient d'être opérée du ménisque. On est le 8 novembre 2012, c'est le concert de Gossip et elle ne veut surtout pas le rater. Moi, de toute façon, j'y vais. Le soir l'infirmière autorise ma mère à s'y rendre, mais elle y serait allée de toute façon. Elle a une jambe dans une attelle et elle se traîne avec des béquilles. Elle ne peut même pas plier sa jambe. La Croix-Rouge aide ma mère à se rendre à l'espace handicapé et à s'asseoir avec une chaise devant elle pour étendre sa jambe. On est bien placées, et j'ai de l'espace pour danser. Le groupe interprète son nouvel album, *A Joyful Noise* et leur ancien *Music*

*For Men.* C'est génial ! J'adore les chansons *Perfect World, Into The Wild* et bien sûr *Heavy Cross.*

Beth Ditto a la pêche. Elle est souriante, rock comme j'aime. Elle assure, elle se défoule et court sur toute la scène. Elle est belle. Moi je danse, je chante, je m'éclate. À la fin du concert Beth Ditto met un T-shirt avec l'image de Barack Obama et nous présente une de ses amies françaises. Ça y est, je l'ai vue en vrai et franchement, je ne suis pas déçue !

Le 2 décembre, je passe au *Sept à huit* de TF1 présenté par Harry Roselmack. On me suit partout, chez mes parents, quand je dis au revoir à « mon cadeau empoisonné », chez moi, avec mon père qui inspecte les produits périmés de mon frigo, ou quand je regarde ma série *Zorro*. Et puis on voit Thibaut qui part à la boulangerie, Amandine qui fait sa star en allant à son boulot à la résidence Soleil, Robin qui trouve un stage dans un théâtre et parle de Molière. Et on me retrouve en train de faire la folle sur Gossip dans ma chambre après le boulot. Super reportage !

Le 6, au palais Rameau à Lille, je suis élue Géant 2012 dans la catégorie « société civile », un prix décerné par le journal *La Voix du Nord* qui récompense les Nordistes de l'année. On était deux Arrageois en course pour le trophée des Géants avec

Jules Laude, le maire de Bullecourt. Le journal me consacre deux portraits ce mois-ci. Et je passe sur la chaîne régionale Wéo. J'invite mes parents chez moi à l'apéro pour fêter mon prix.

## 25. « *J'chte ker mi auchi* »

Je vois de plus en plus souvent Robin. On s'est quittés, mais on s'est retrouvés. Robin et moi, on se connaît depuis qu'on est tout-petits. « *Mi chu d'ici, chu un gars de ch'Nord* » (« Moi je suis d'ici, je suis un gars du Nord »), c'est comme ça qu'il dit Robin. Il aime bien parler ch'ti. Il me sort des trucs qu'il écrit avec sa mère : « *Chu né à l'hôpital ed Beuvry. Ché sur, chu pas né din ché corons. Pourtant, min grand père yétot porion al fosse. Chef porion s'il vous plaît, Yallot travailler à l fosse avec sin casque et s'lampe, chétot dur mais yémot cha !* » (« Moi je suis d'ici, je suis né à l'hôpital de Beuvry. C'est sûr, je ne suis pas né dans les corons. Pourtant, mon grand-père était agent de maîtrise à la mine. Chef agent de maîtrise s'il vous plaît. Il allait travailler avec son casque et sa lampe. C'était dur, mais il aimait ça ! »). Quand je lui ai dit l'autre soir chez moi : « J'adore quand tu parles comme ça ! » Il m'a répondu : « *Ben mi, j'chte ker mi auchi* » (« Ben moi j't'aime aussi ») et il m'a embrassée dans le cou.

Maintenant, il commence à se détacher de sa mère. Il dit qu'il faut qu'il « pousse le bouchon plus loin ». Il lui a dit qu'il avait « une vie privée » et « une petite copine » : moi ! Ça m'a fait plaisir. J'aimerais bien qu'il coupe les ponts avec sa mère pour vivre avec moi. On se fait des soirées et des trucs intimes que je ne peux pas trop raconter, mais c'est compliqué pour l'instant qu'il s'installe avec moi.

Il m'a dit qu'il voulait se conduire comme un homme. Il veut aussi arrêter complètement le théâtre pour se consacrer à moi. Je trouve que ce n'est pas une bonne idée. Sa mère est d'accord avec moi. Mais il a déjà arrêté. Il écrit de la poésie aussi. Il fait plein de choses, mais il change tout le temps d'activités. Il veut faire du violon comme sa sœur, il apprend la langue des signes comme son frère et aussi l'anglais. Il voulait être chanteur après le film *Les Choristes*. Je crois qu'il ne sait pas trop ce qu'il veut.

Il apprend aussi un peu l'espagnol. Peut-être à cause de sa famille de voyageurs. Ses deux grands frères ont passé deux ans sur un voilier breton quand ils étaient enfants. Ils sont partis aux Caraïbes. Puis ils ont vécu au Canada, en Nouvelle-Zélande. Sa sœur, elle, s'est installée au Venezuela... L'autre soir, j'ai fait un apéro chez moi. J'ai envoyé un texto à Stéphanie aussi. J'ai acheté du saucisson et des tomates-cerises, puis un cake au jambon olives et pistaches. Stéphanie a apporté des chocolats et Robin est arrivé, un peu plus tard, avec un DVD de *La Fée Clochette*. Il avait mis son beau T-shirt kaki et rouge. Il a plein de chouettes T-shirts. Dès qu'il est rentré, il a dit qu'il voulait visionner le film avec moi toute seule. Je lui ai expliqué que ce n'était pas très correct vis-à-vis de Stéphanie. Alors on a discuté. Il voulait m'embrasser et n'arrêtait pas de me dire des mots d'amour. Moi, je l'appelle « Chéri ».

Parfois, Robin m'offre une fleur. Il m'a offert aussi un collier avec trois cœurs : amour, joie et paix. Robin veut reprendre à zéro avec moi. Il aime bien qu'on voie des films et des séries ensemble, sur le canapé, comme *L'Instit* ou *Famille d'accueil*. Souvent, on regarde la télé et on se fait des papouilles. Avec Stéph' aussi, on se fait des papouilles, mais ce sont des papouilles d'amitié, comme des bisous un peu partout, sur la bouche... Mais on ne va pas trop loin. Avec Robin, ce sont des papouilles d'amour. Il aime me faire des prouts sur le ventre avec sa bouche. On fait les fous ensemble.



25. *« J'chte ker mi auchi »*

Avec lui, je me sens libre de mon corps. Je peux me montrer nue, je ne cache pas ma cicatrice. Avec mes parents non plus, mais mes parents ne voient qu'un bout, en haut ou en bas, à cause de ma brassière. Robin, je lui dis qu'il peut toucher s'il veut. Il m'aime comme je suis. Stéphanie, je n'ose pas lui montrer.

La dernière fois, j'ai cuisiné une recette de pâtes au saumon que Robin m'avait donnée. Franchement, on s'est régalés ! Lui, il sait faire des *fajitas*. J'aime bien son style posé, cool, sympa. Et puis ses yeux et sa bouche. Il me dit que je suis « belle, coquette, gentille, facile à comprendre ». Il me connaît bien.

Robin me confie qu'il aimerait avoir une copine comme Célia. J'ai pensé que comme je suis copine avec Célia, il peut l'être aussi, comme ça, on peut être ensemble tous les trois. Moi c'est ça que je cherche, un copain ou une copine qui m'aime vraiment et qui a un emploi stable. J'attends ça, de l'amour, du travail et quelqu'un qui sache faire la vaisselle proprement. Un gentleman ou une *superwoman* ! Robin, lui, il aime faire le repassage.

Il m'accompagne à la gym douce et on continue à regarder *Famille d'accueil* sur France 3. Robin aimerait que je déménage et que je vive avec lui.

J'aimerais bien aussi, mais je ne veux pas foutre mon appart en l'air. Avoir deux maisons, ce n'est pas logique. Il me parle d'enfant aussi. Mon père dit que ce sont des bêtises, parce que ce sont de grandes responsabilités. Il faut se lever la nuit, le changer… Je suis d'accord avec mon père. J'aimerais être maman, mais je ne peux pas être enceinte. Ce n'est pas bon pour mon cœur. Alors, on pourra adopter. Ça, j'aimerais.

Je prends la pilule depuis que j'ai des boutons et pour ne pas avoir d'enfants. Mais je ne cherche pas trop de relations sexuelles, ça me fait mal. Avec Robin, on fait autrement.

# 26. *Le Grand Journal*

Mon frère a 31 ans maintenant et il vit avec Anne-Claire. Elle est sympa, un peu bretonne, un peu vietnamienne. Elle mange souvent avec des baguettes chez elle. Elle passe avec Mat de temps en temps, le week-end, chez mes parents. Avec mon frère, on témoigne dans *Fémina*, un magazine féminin, pour un article sur les fratries. Mathurin parle de notre complicité. Il raconte qu'il regrette de ne pas avoir été là quand on se moquait de moi à l'école. Il parle des textos que j'envoie à « mon frère adoré ». Parfois, je lui fais un câlin et je lui dis : « Je t'aime. » Et je l'embrasse. Lui me répond « ma frangine, elle est super ! » et qu'il m'aime aussi. Je veux que mon frère soit heureux. Comme moi avec Robin.

En tout cas, Mat a mal commencé l'année. Il s'est encore cassé la gueule. En snowboard cette fois.

« Bourrelet glénoïdien sorti de son emplacement, rupture du tendon du biceps ». Glénoïdien ? Celui-là, mon gros Robert Collège ne le connaît pas. Mat voit trois chirurgiens à la suite. Ils ne savent pas quoi faire de lui. Alors, ils l'opèrent quand même. Grâce à sa petite caméra, sa GoPro, Mat a pu filmer toute sa chute qu'on peut regarder maintenant sur Vimeo. Sur les images, on le voit sauter partout et on dirait que ça le fait rigoler de tomber, comme lorsqu'on lui faisait des piqûres quand il était petit.

Le 21 mars 2013, je suis rue des Cévennes, à Paris dans le XVe. J'attends dans une loge avec deux canapés, une table basse avec des boissons, des friandises, des fleurs et un petit écran plat où on voit l'émission en direct. À côté, il y a les loges de Nikos, des candidats de *The Voice*, de Jean-Michel Apathie, de Valérie Trierweiler. C'est avec elle que je vais passer au *Grand Journal* de Canal Plus. Elle est la marraine de la dixième journée mondiale de la trisomie 21.

On peut suivre l'enregistrement partout, même des salles de maquillage. Tout le monde vient nous saluer, mes parents et moi, discuter, poser des questions, nous expliquer comment ça va se passer. Michel Denisot est intéressé par moi parce qu'il a un membre de sa famille avec une trisomie 21 qui bosse dans un ESAT. Augustin me fait la bise. Il regarde le livre *Supplément d'âme*. Il dit que c'est un beau livre et qu'il en parlera dans l'émission. Daphné Bürki vient m'embrasser aussi et remonte ses manches pour me montrer ses tatouages.

Pendant qu'on regarde, debout dans le hall, le grand téléviseur, Nikos passe nous saluer. Nikos, c'est le Grec qui anime *The Voice*. Il est bogosse, mais je préfère Karine Ferri. Je lui dis : « Ah ! Nikos, tu présentes *The Voice* en ce moment, moi je regarde et je connais l'autre présentatrice, Karine Ferri qui présente *The Voice. La Suite*.

— Ah oui ! Tu aimes bien Karine ?

— Beaucoup. »

J'aime bien, et puis c'était la compagne de Gregory Lemarchal, qui est mort. Alors Nikos me demande si je veux la rencontrer. Il me prend par la main et m'amène direct dans la loge avec les candidats de *The Voice*. Je demande à Karine Ferri : « Vous êtes la femme de Grégory Lemarchal ? » Elle me répond : « Oui ». Je suis restée une quinzaine de minutes dans la loge et j'ai discuté avec les candidats.

Ma mère me prévient de faire attention quand ça va commencer, que je vais être souvent filmée. « Pas trop de démonstrations », de bouche ouverte ou de regards un peu partout comme cela m'arrive parfois quand je suis un peu stressée. En salle de maquillage, je me suis fait coiffer en pétard. Valérie Trierweiler est



26. *Le Grand Journal*

venue discuter avec moi. Elle est belle et porte de hauts talons. Je ne sais pas comment elle fait pour marcher.

Michel Denisot commence : « Émission spéciale à l'occasion de la journée mondiale de la trisomie 21 et, comme promis, deux invitées, l'une vit la trisomie au quotidien, l'autre en a fait un combat, voici Éléonore Laloux et Valérie Trierweiler. » On arrive toutes les deux sur le plateau du *Grand Journal.* Valérie Trierweiler a le trac, plus que moi, et avec ses talons, elle a surtout peur de tomber dans l'escalier, alors je lui tiens la main. Quand la grande porte s'ouvre, je suis impressionnée. Le plateau est immense et tout le monde applaudit. Michel Denisot vient nous serrer la main. Puis on s'assoit tous sur les sièges et Valérie Trierweiler parle de son engagement, de sa petite voisine Françoise, qui venait chez elle quand elle était petite et qui avait une trisomie, puis des jeunes garçons atteints de trisomie qu'elle a accueillis dans les cuisines de l'Élysée…

Michel Denisot (MD) : « Comment se passe votre vie Éléonore, vous travaillez ?

— Oui je travaille à l'hôpital privé à Arras. Je m'entends bien avec mes collègues de travail. Ils sont sympas avec moi. »

On me pose toujours les mêmes questions alors moi je réponds toujours pareil. Ça va faire huit ans que je travaille à la clinique Les Bonnettes. Stéphanie, elle, signera son premier CDI le 1er février 2014.

MD : « Comment se passe votre vie quotidienne ?

— J'ai une aide qui vient une fois par semaine pour m'aider à entretenir mon appartement, pour mes vêtements et aussi pour le repas et…

— Vous êtes autonome ?

— … Et je suis indépendante. »

Daphné Bürki (DB) : « Et au travail, c'est la même chose ? Qu'est-ce que vous faites au travail ?

— Je fais de l'adressage, de la mise sous pli, du classement alphabétique. J'envoie des fax, je fais des photocopies. »

MD : « Vous avez un fiancé ? »

DB : « Question indiscrète…

— J'en ai un et il est aussi dans ma résidence.

— Éléonore, vous l'avez tous les jours ce regard des autres sur vous. Comment le sentez-vous ?

— Je suis comme les autres. Je vis comme les autres. Et avec le collectif, les regards sont en train de changer. Je le sens vraiment. »

MD : « Comment faites-vous quand les regards sont… pas bien ?

— Je les ignore, directement ! »

Valérie Trierweiler : « Il faut que j'apprenne ça. »Sur le plateau, des parents d'enfants qui ont



26. *Le Grand Journal*

une trisomie témoignent aussi, comme Isabelle et Augustin, et puis Jacqueline London, la présidente de l'AFRT (Association française pour la recherche sur la trisomie 21). Pendant les pubs, je discute avec Daphné Bürki et Augustin Trapenard.

À la fin de l'émission, les techniciens viennent me féliciter. Et puis on discute avec Valérie Trierweiler et Michel Denisot. Jean-Michel Aphatie me salue. Il a l'air un peu froid avec Michel Denisot, mais avec moi, ça va. Ma mère retrouve un copain qui bosse à Canal : Nicolas Nerrant. C'est un fan de Blur. Il écrivait même dans leur fanzine mais elle ne l'avait plus vu depuis dix ans. Depuis un concert... Elle était supercontente.

Le lendemain du *Grand Journal*, je suis invitée à parler à la radio des Nations unies. J'évoque mon boulot, Canal Plus, la trisomie... Mais la journaliste me parle un peu « gaga ». Quand elle me demande quel message je veux envoyer, je parle des médecins : « J'aimerais que les regards changent et adresser un message aux médecins, qu'ils arrêtent de dire tout ce qui est négatif, qu'ils arrêtent de parler d'"aberration chromosomique", parce que ce n'est pas vrai. On n'est pas des poisons, on n'est pas comme des monstres, on vit comme les autres. » Puis je lui dis que je veux bien aller à New York si on m'invite.

En mai, on fête les anniversaires de mon grand-père Padé et d'Émile, le frère de mamie. Ils ont tous les deux 90 ans. Comme il n'y a plus de place à Moyenneville pour la famille qui a grandi, on se réunit dans un restaurant, le Domaine des cascades, à Wancourt. J'y vais avec Robin, un peu paumé au milieu de ma famille. Alors, je le surveille et je lui dis de rester à côté de moi. On était cent vingt ! Robin trouve que j'ai beaucoup de cousins cousines et une famille « très encombrante ». Il voulait offrir un livre qu'il a fabriqué avec un hérisson pour Padé, mais il a raté le hérisson : il n'avait pas de nez et pas d'yeux. Pour ses 90 ans, Padé a eu un GPS à coller dans sa Corsa blanche, un iPad avec un stylet et un ordinateur. Maintenant, avec l'ordi, Padé joue au solitaire et mamie cherche des recettes sur www.marmiton.org

L'été 2013, je passe mes vacances chez mon oncle Pascal, le frère de ma mère. Il a une Harley Davidson Road King Classic. Superbe ! Il était venu me la montrer, le jour de mes 26 ans à Arras. C'était une surprise. Il venait de l'acheter. Il fait plein de rassemblements de *bikers*, à Rome, Barcelone… Avec sa Harley, on part à Narbonne-Plage. Quarante kilomètres. Moi je m'accroche à la ceinture de son pantalon. On traverse toutes les petites routes dans



26. *Le Grand Journal*

la garrigue, le massif de la Clape, les oliviers. On n'a pas le temps d'écouter les cigales. Des fois, sur la Harley, il me hurle : « ÇA VA ? » Alors je lui réponds, pareil, en hurlant pour qu'il entende : « OUI, ÇA VA ! » Et puis je lui dis : « Fonce, pense à ta bière qui t'attend ! » Alors il fonce.

Mi-juillet, je suis encore au Splendid de Lille pour Devendra Banhart, comme en 2007. Je suis scotchée chaque fois que je le vois. J'adore sa façon de bouger. Et puis il fait des trucs bizarres avec sa voix, avec sa bouche et il roule les r. Je crois que c'est parce qu'il a grandi au Venezuela. Il est superdrôle lorsqu'il chante : *I Feel Just Like a Child*. Celle qu'il avait chantée à *Taratata*. Comme toujours je laisse mes parents derrière et me glisse juste devant. Je suis petite, je prends pas de place, tout le monde me laisse passer : « Pardon, pardon… Pardon… »

À la fin du concert, le batteur traverse la scène et me donne ses baguettes. D'habitude il les jette, là il me les donne carrément. J'étais supercontente. Ma mère connaît bien le Splendid, alors à la fin du concert, on rejoint Devendra avec une dizaine de personnes, à côté de leur bus. Elle lui pose quelques questions sur le groupe Suede qu'il cite dans sa chanson. Il dit que c'est parce qu'il est fan. Comme nous ! On les avait vus en 2002, à La Route du Rock de Saint-Malo. Il nous dédicace la double page intérieure de son dernier album *Mala* avec nos initiales : EL et ML pour Éléonore et Maryse Laloux, puis il dessine un pichet, des lèvres, ses initiales… Fin novembre, mes parents apprennent que j'ai une constriction au niveau du cœur. Ils sont inquiets.

« J'ai mangé des croquettes et depuis rien ne va,
J'ai des bouts de squelette qui font n'importe quoi,
Des bouts de moi, qui n'en font qu'à leur tête. »

C'est Soan, dans *Séquelles*. J'aime cette chanson, comme *À tire-d'aile* et *Conquistador*. Un petit concert ça change les idées à tout le monde. Soan passe le 1er décembre à Lille, à La Péniche, sur la Deûle. Alors, on y va. Je l'ai déjà vu en concert, mais j'aime tellement son style, débraillé, rock punk, sa voix rocailleuse, sa musique, ses textes… J'ai ses trois albums.

Quand on arrive, la salle est comble. Je me faufile devant, comme d'habitude. Je retrouverai mes parents à la fin du concert. Soan chante une trentaine de chansons, pendant plus de deux heures. À la moitié du concert, il me tend la main et me fait monter sur scène. Je ne comprends pas ce qui m'arrive. Le public applaudit. Moi je ferme mes yeux



26. *Le Grand Journal*

et je pose ma tête contre lui. Il m'embrasse. J'étais heureuse. Quelques jours plus tard, je reçois une photo sur Facebook, de Soan et moi. C'est quelqu'un du public qui m'a photographiée. Je la mettrai près de mon lit.

Quand je montre la photo, je raconte à tout le monde que j'ai fait un duo avec Soan, mais ma mère dit que ce n'est pas ça un « duo ». Il faut chanter. C'était quand même un beau duo…

# 27. Faut tout casser !

Faut pas que je bouge et je dois garder ce masque sur mon visage. Je stresse, je pleure. On me prépare un cathétérisme et une coronarographie, sous anesthésie, au niveau de l'aine. Lundi 3 février 2014, je suis à l'hôpital, au CHRU de Lille, service cardiologie. Je ne veux pas que ça recommence comme lorsque j'étais petite.

On ne sait pas trop ce que j'ai, alors je vais passer plein d'examens. Bilan sanguin, électrocardiogrammes… C'est mon cœur qui inquiète encore. Je n'aime pas les hôpitaux. Je ne veux plus être opérée. Les médecins ne savent même pas si c'est encore possible, tellement j'ai été ouverte.

Je pense à la veille, on est allés manger au restaurant avec Mathurin et sa copine. Une souris d'agneau au miel, une crème brûlée. C'était délicieux ! Je veux rentrer vite à la maison.

... Après, le soir, ici, ma mère m'a rasée partout, m'a douchée à la Bétadine... Elle est là près de moi. Comme toujours. On lui a même prêté un lit d'accompagnant pour la nuit. Heureusement que j'ai la télé dans la chambre pour suivre *Plus belle la vie* et ma mère pour rigoler un peu.

L'après-midi, je vois le docteur Godart. Il m'explique tout : j'ai un beau coronaire gauche, un coronaire droit trop serré pour voir quelque chose et une valve mitrale pas terrible. Je dois commencer dès ce soir un traitement pour insuffisance cardiaque. Maintenant, j'ai deux médicaments à prendre : le Lévothyrox pour la thyroïde et le Triatec pour le cœur, plus mes vitamines. Il faudra que je refasse aussi un coroscanner.

Plus tard, je verrai un chirurgien qui me dira s'il faut m'opérer au niveau du sternum. Le docteur Godart me dit que c'est peut-être un os qui me crée toutes ces douleurs. Comme lorsque mon père roule sur les pavés de la Grand'Place ou de la place des Héros, à Arras, avec sa Lexus : mon sternum enfoncé pousse vers l'intérieur. C'est pour ça que je m'essouffle souvent et que j'ai mal.

Le docteur Godart a l'air content. Il se dit : « On va trouver ce que c'est que cette saloperie ! » C'est ce que je pense. Je suis contente que ma mère soit là. J'ai de plus en plus besoin d'elle, pour ma toilette, pour m'aider à aller dans la salle de bains, pour les repas, ouvrir la fenêtre… Il fait vraiment une chaleur à crever là-dedans ! Elle me chouchoute. On regarde *Famille d'accueil* à la télé…Le lendemain, le docteur Godart me parle cette fois d'une IRM. Pour la chirurgie du thorax, si elle est envisagée, il m'explique que c'est moi qui déciderais si on y va ou pas, parce que c'est très douloureux. « Il faut tout casser. » C'est ce qu'il m'a dit. Tout casser… Franchement, ça fait peur !

Comme hier et avant-hier, ce mercredi, on me fait un électrocardiogramme de contrôle, une prise de tension, j'ai toujours 8,4. On me fait aussi une radio du thorax, avant de sortir. Manu vient nous chercher à l'hôpital, ma mère et moi. Sa Lexus ne me fait pas de cadeau, surtout qu'on passe par les pavés des places d'Arras pour aller chez Becquart. J'ai comme des coups de poignard sur le côté gauche et devant, au niveau du sternum. Mais on va acheter des crépinettes et j'adore ça !

Je reste chez mes parents. Je vais me faire chouchouter encore… Je crois que le traitement pour mon cœur me fout K.O. J'ai envie de dormir.

## 28. « *In a beautiful world* »

Je continue à me battre. C'est ce que je fais depuis ma naissance, comme dit maman. J'ai de lourds problèmes de santé aujourd'hui, mais je ne suis pas un poison. Pas pour mes parents en tout cas. Ils m'aiment et moi aussi, et on va régler ces problèmes de cœur.

À la résidence, on a tous pris des chemins différents. Mais on avance. Stéphanie a signé la semaine dernière son premier CDI, à la bibliothèque de Beaurains. Robin cherche du travail, mais je sais qu'il trouvera bientôt. On a eu de la chance, tous, de voir du monde, des gens différents, tout le temps, à l'école, au travail… Et c'est pour ça qu'on avance. Si on m'avait mis en milieu fermé, je serais devenue complètement cinglée.

Mon père dit qu'il n'a rien contre les établissements spécialisés, qu'ils peuvent exister aussi. Mais il dit qu'il faut accompagner les personnes atteintes de trisomie 21 en milieu ordinaire, ne pas les empêcher d'être avec tout le monde. Moi je suis contre le milieu fermé. Pour moi, c'est comme un hôpital psychiatrique !

Je déconseille aux parents de mettre leur enfant là-dedans. C'est trop triste. Mais, ce n'est pas de leur faute : ils ne savent pas. J'ai beaucoup de copains en milieu fermé. Je vois qu'ils ne sont pas bien dans leur peau. Je serais malheureuse et je tomberais en dépression si j'étais à leur place.

Avec mon père, on va sortir Gilles-Emmanuel de son ESAT[5] parce qu'il en a vraiment ras-le-bol. Il veut partir. Mon père est en train de voir avec le directeur du McDo de Beaurains s'il peut l'embaucher. Je préfère qu'on accompagne les personnes qui ont une trisomie en milieu ouvert et puis qu'on aide la recherche pour en finir une fois pour toutes avec cette maladie. Je sais que c'est possible. Bientôt. C'est pour ça que je rêve d'un « Trisothon ». Je voudrais qu'on en finisse vite.

Benjamin est plus qu'un copain, c'est mon ex-petit copain. Je ne veux plus qu'il soit malheureux non plus. Son père est violent et ne veut pas le laisser partir. Mais Benjamin est majeur et il n'est pas seul. Il y a moi, mon père, sa chef à la clinique où on travaille tous les

5. Établissement et services d'aide par le travail.

deux, son psychologue. C'est ce que je lui répète tout le temps. Il doit partir, vite. Vivre seul, sans son père. Avec Manu, on doit aider Benjamin à trouver un appart.

Robin, lui, veut qu'on déménage, qu'on vive vraiment ensemble. Il veut qu'on habite une petite maison, mais pas trop petite. Moi je suis bien comme ça, chacun avec son appart. Robin insiste. Il veut qu'on soit ensemble et qu'on ait des enfants. Mais des enfants, c'est une grande responsabilité. Des enfants plus mon boulot, c'est trop pour moi. Mon avenir, maintenant, je le vois avec un petit copain et sans enfants.

Se voir un soir par semaine, ça me va. C'est chouette. Et puis, il ne faut pas que je m'emballe. J'ai des palpitations quand je suis heureuse.

Robin veut que je dorme avec lui tout le temps. Ce n'est pas possible. Je dois me lever le matin. Peut-être plus tard, quand il travaillera lui aussi… Il prend toujours des cours de langue des signes. Je ne sais pas pourquoi, il ne connaît aucun sourd, aucun malentendant. Et moi je ne connais pas la langue des signes pour parler avec lui. Il faut qu'il trouve comme moi un boulot stable et où ça ne va pas trop vite.

Moi aussi j'ai souvent envie de dormir avec lui, mais chez moi je n'ai qu'un petit lit et un canapé qui fait clic clac. Il faut que je change les règles que j'ai proposées à la résidence. En plus, les règles, ça ne



28. *« In a beautiful world »*

devrait pas s'appliquer aux amoureux. Les règles, c'est pour les autres !

Et puis, je veux voir Robin heureux, l'entendre chanter *Someone Like You* d'Adèle, comme il fait lorsqu'il est content, et puis *Firework* de Katy Perry, ou ses autres musiques de vieux, et partir en feu d'artifice, comme dans le clip. Je veux le voir quand je veux et dépasser le volume 7 quand je mets *Creep* de Radiohead pour écouter ma musique à fond. Ça me fait pleurer tellement c'est beau.

***« ...Your skin makes me cry***
*(« Ta peau me fait pleurer »)*
***You float like a feather,***
*(« Tu flottes comme une plume »)*
***In a beautiful world***
*(« Dans un monde merveilleux »)*
***I wish I was special,***
*(« Je voudrais être spéciale »)*
***You're so fuckin' spécial... »***
*(« Putain tu es si spéciale... »)*

Robin, moi je te le dis, je vais t'aider encore. Tu verras. On s'aime. On sera ensemble. Je te ferai à manger. Tu feras le linge, la lessive, le repassage, parce que je sais que t'es un homme. Je veux que tu le montres aux autres : t'es un adulte. Mais faut que tu ailles de l'avant, que t'arrêtes d'écouter les autres, d'écouter ta mère. Je l'avais dit dans la vidéo de la conférence de presse, t'as juste un chromosome en plus. Les regards des autres, on s'en fout !

# Table des matières

Composition :
L'atelier des glyphes

Achevé d'imprimer en mars 2014
sur les presses de la Nouvelle Imprimerie Laballery
58500 Clamecy
Dépôt légal : mars 2014
N° d'impression : 402361

*Imprimé en France*

La Nouvelle Imprimerie Laballery est titulaire de la marque Imprim'Vert®